15 août 1850.

Cette note, adressée aux conseils généraux, aux conseils d'arrondissement et aux conseils municipaux, c'est-à-dire à la France organisée, a été rédigée rapidement en vue de la réunion immédiatement prochaine des conseils de département ; elle ne fait donc qu'effleurer les questions principales, et indiquer sommairement les solutions possibles, mais elle les aborde de front et avec sincérité.

Les vues que cette note expose sont celles de la fraction la plus considérable de la majorité dans l'Assemblée et des membres les plus éminents du parti modéré, surtout en ce qui concerne l'urgence de la révision totale de la Constitution.

Les conseils de la France, les corps électifs qui sont chargés par elle de formuler ses vœux, de faire connaître dans une forme authentique ses opinions réelles, et qui doivent en même temps lui préparer les éléments d'un avis sérieux sur ces questions vitales, accueilleront

cette note avec faveur ; elle produit, en la devan-
çant, l'expression de leur pensée. C'est à eux aujour-
d'hui qu'il appartient de la proclamer officiellement
pour sauver le pays.

LÉON VIDAL.

NOTE

AUX

CONSEILS GÉNÉRAUX

Aux Conseils d'Arrondissement

ET AUX CONSEILS MUNICIPAUX

SUR LA

RÉVISION DE LA CONSTITUTION

Prix : 2 Francs.

PARIS

GARNIER FRÈRES, LIBRAIRES,

10, rue Richelieu, et Palais-National, 215 bis.

1850.

NOTE

AUX

CONSEILS GÉNÉRAUX

AUX CONSEILS D'ARRONDISSEMENT

ET AUX CONSEILS MUNICIPAUX

SUR LA

RÉVISION DE LA CONSTITUTION.

CHAPITRE PREMIER.

Légalité de la demande de révision de la Constitution. — Caractère que cette proposition doit avoir.

Le 28 mai de l'année 1851, année de prévoyance, de précautions et de préparatifs pour la grande crise de 1852, la demande de la révision de la Constitution pourra être légalement, régulièrement, constitutionnellement soumise à l'Assemblée nationale, conformément à l'article 111 de cette Constitution, qui consacre le droit, devenu aujourd'hui un devoir, de réclamer cette révision totale ou partielle. On connaît les dispositions de cet article, mais il importe de les rappeler et d'en peser sérieusement tous les termes ; les voici :

« Lorsque, dans la dernière année d'une législature (afin que l'assemblée qui sera élue procède immédiatement à la révision), l'Assemblée nationale aura émis le vœu que la Constitution soit révisée en tout ou en partie, il sera procédé à cette révision de la manière suivante :

» Le vœu exprimé par l'Assemblée ne sera converti en résolution définitive qu'après trois délibérations consécutives (afin que ce soit un vote sérieux et persévérant), prises chacune à un mois d'intervalle, et aux trois quarts des suffrages exprimés; le nombre des votants devra être de cinq cents au moins (376 voix sur 500).

» L'assemblée de révision ne sera réunie que pour trois mois (pour abréger autant que possible cet état de crise et de transition).

» Elle ne devra s'occuper que de la révision pour laquelle elle aura été convoquée ; néanmoins elle pourra, en cas d'urgence, pourvoir aux nécessités législatives. »

Le rapporteur de la Constitution, qui tenait pourtant à son œuvre, a exposé en ces termes bien explicites le principe et le droit de révision consacrés dans cet article 111, ancre de salut pour la France.

« Si parfaites, dit-il, qu'en fussent les dispositions (de la Constitution), et, ajoute-t-il avec justesse, elles n'ont pas des prétentions aussi téméraires, elles ne sauraient enchaîner le temps et les esprits. Elles sont temporaires, faites pour une saison de la vie du peuple ; et les générations qui se succèdent, et l'opinion qui se modifie, et *la souveraineté du peuple*, conservent toujours le droit de réviser la Constitution. Nous nous sommes bornés à conserver ce droit, qui est de toute évidence, et à l'entourer des formes solennelles qu'une assemblée doit toujours apporter dans ses actes quand il s'agit de toucher à la loi fondamentale d'une société. »

La demande de la révision de la Constitution est donc un droit reconnu et consacré par les auteurs eux-mêmes de cette Constitution ; ce droit est inscrit dans le texte de cette œuvre, jugée éphémère dès les premiers jours, qui a pris trop orgueilleusement le titre de pacte fondamental ; car il n'est fondé ni sur la volonté réelle, ni sur les mœurs, ni sur les croyances de la nation, qui ne l'a jamais acceptée définitivement, qui la supporte avec répugnance, et qui en repousse radicalement la plus grande partie. Ce code n'entre pas dans le cœur et les entrailles du pays, il blesse ses instincts, et il n'est en réalité que le symbole d'une situation transitoire, la règle d'une saison de la vie du peuple, comme le dit le rapporteur, saison de tempêtes et de misères, dont chacun, adversaire et même partisan ostensible de la Constitution, désire le terme. La plupart l'avouent hautement, les autres retiennent hypocritement cet aveu au bord de leurs lèvres, mais le proclament par leurs actes et leurs projets d'avenir démagogique.

La proposition de révision sera certainement présentée à l'Assemblée nationale à partir du 4 mai 1851 ; mais elle ne doit pas avoir le caractère affaibli d'une pensée individuelle, du simple résultat de cette faculté d'initiative appartenant à un ou plusieurs membres de cette Assemblée, et pouvant revenir par droit de vitesse au plus ignoré, au moins influent, au moins considérable, au plus chétif des représentants. Cette proposition doit arriver à la tribune nationale, au bureau du président, à la publicité législative, escortée du puissant cortége des volontés du pays, revêtue de ce majestueux et inviolable caractère que donnent l'acclamation de la volonté universelle, l'expression de la véritable souveraineté nationale.

Il faut que le premier signal de cette proposition parte du pays lui-même, et par conséquent que son premier mot soit prononcé par les conseils locaux des départements. Car ce pays, ils le représentent au premier degré; ils sont ses mandataires les plus intelligents en même temps que les plus intimes; ces conseils sont composés de ceux des représentants de la nation qui, par leur élection, leur position sociale et leurs attributions, sont le plus rapprochés du sol populaire, les interprètes les plus sûrs des vœux des populations qui sont la véritable France. Dans les moments de crise, dans les jours où il faut donner au pays l'élan et l'énergie, et lui offrir en même temps les garanties de la prudence, les conseils de chaque département peuvent et doivent exprimer ses vœux. C'est à eux la parole.

CHAPITRE II.

Droits et devoirs des conseils départementaux relativement à la révision.

Les conseils locaux, les conseils des départements, des arrondissements et des communes ont-ils le droit de demander par un vœu régulièrement émis la révision de la Constitution? Personne aujourd'hui n'oserait répondre non à cette question. D'abord, malgré les prescriptions méticuleuses de la loi du 22 juin 1833, faite pour d'autres temps et pour une époque d'ordre et de calme politique, les conseils départementaux ont toujours exprimé leur avis sur les besoins généraux du pays. Or quel besoin plus universel que celui d'une constitution qui consolide, au lieu de l'affaiblir, l'ordre politique, matériel et moral? Ils ont surtout manifesté des opinions et des sentiments politiques dans les adresses qu'ils votaient et faisaient parvenir au roi, dans toutes les circonstances heureuses ou funestes qui ont marqué les phases de la dernière monarchie.

Lorsque le gouvernement veut se renseigner, se former une opinion sur une question grave d'administration générale, savoir ce qu'en pense le pays, il consulte les conseils locaux. Pourquoi ne le ferait-on pas lorsqu'il s'agit du plus grand intérêt du pays?

Nous avons sous les yeux les résumés des votes des conseils généraux consultés par le gouvernement; nous y trouvons des vœux sur toutes les grandes questions sociales, politiques, administratives, religieuses, commerciales, industrielles. La question de la Constitution du pays, qui les domine toutes, leur serait-elle seule interdite ? C'est impossible, et le ministère actuel l'a compris. D'ailleurs qui oserait clouer aujourd'hui les conseils généraux dans ce lit de Procuste que leur fait l'article 14 de cette loi de 1833, presque toujours inobservée malgré la vigilance inquiète et les susceptibilités attentives du pouvoir ? La révolution de février et les principes qu'elle a proclamés, qu'elle a inscrits dans les tables de sa loi, ne doivent pas profiter seulement aux ennemis de la société, il faut que cette société en profite un peu pour elle-même. La révolution, en élargissant les droits de tous, ne peut condamner les conseils généraux à une exception injuste, condamner leur initiative à des restrictions contraires à leur origine populaire. Le fleuve de la souveraineté nationale a grossi à la source. Le lit du fleuve ne peut rester rétréci et insuffisant pour ses eaux. Enfin est-ce que la déclaration de la souveraineté du peuple, c'est-à-dire de l'universalité de la nation, n'a pas sacré rois et souverains tous les grands corps électifs et délibérants nés de ce peuple et issus de cette nation ? Ainsi ne nous arrêtons pas à l'incompétence ; les conseillers généraux et les conseillers de l'arrondissement et de la commune peuvent, sans outrepasser la limite de leurs droits, sans manquer à leurs devoirs, demander la révision de la Constitution ; disons mieux, ils le doivent. Ils sont une des grandes voix de ce pays qui étouffe sous le poids de cette Constitution et qui veut qu'on la délivre de sa pression mortelle ; cette voix doit se faire entendre et exprimer très-haut les pensées nationales.

CHAPITRE III.

Nécessité d'une déclaration des conseils départementaux, par rapport à l'état de l'Assemblée législative.

Si les conseils généraux ne demandent pas la révision de la Constitution, les partis rétifs dans l'Assemblée se croiront, autorisés, par ce mutisme du pays, à garder aussi le silence sur une question qui les embarrasse, surtout depuis qu'ils se sont jetés dans l'impasse des conflits. Par l'effet des élections, c'est-à-dire par le résultat de la situation du pays à l'époque où les élections se sont faites pour chasser du pouvoir les républicains de la veille, l'Assemblée législative n'est forte, n'offre une majorité d'action que pour résister aux révolutionnaires, aux montagnards et aux socialistes; elle a cette force et elle en a usé pour empêcher le mal absolu de triompher, elle n'en a point pour détruire le mal relatif, et pour commencer à fonder définitivement le bien durable.

Une assemblée élue maintenant ou à l'époque de la révision de la Constitution, présenterait un caractère plus définitif, plus tranché, plus net, plus précis; il n'y aurait alors plus de doute, plus d'équivoque.

En effet, lorsque le parti modéré, sous la direction du comité de la rue de Poitiers, créa la majorité actuelle dans les élections du 13 mai 1849, il n'avait qu'une pensée, c'était de la charger de renverser les républicains de la veille, et de l'associer pour cette œuvre au président Louis-Napoléon, élu malgré eux par le pays. Ce fut dans cette pensée que le comité influença les élections et qu'il donna également la main aux anciens conservateurs et aux légitimistes modérés, comme aux bonapartistes, et même à quelques républicains qui se séparaient de leurs anciens amis.—MM. Thiers, Molé, Berryer, Béchard, Montalembert, Persigny, général Piat, étaient unis par cette intention et ce but.

Il y eut alors un moment où les vieilles classifications de parti semblaient avoir disparu, où, en face du désordre menaçant, il semblait ne plus y avoir de légitimistes, d'orléanistes, de bonapartistes exclusifs. On disait alors que les luttes de ces partis éteints ressemblaient à ces gigantesques combats des ombres, à ces revues fantastiques des guerriers morts dont parlent les vieilles poésies du Nord; on proclamait qu'il n'y avait plus qu'un seul parti, celui du rétablissement de l'ordre, opposé à celui qui bouleversait le pays. Les élections étaient une bataille pour déloger les envahisseurs de la place qu'ils avaient surprise. On réussit.

Maintenant, si des élections se faisaient, une autre pensée les dominerait, ce serait celle de la consolidation du gouvernement du président. Ses partisans et ses ennemis, ceux qui veulent le faire durer et ceux qui, dans un intérêt quelconque, veulent le briser, seraient en présence. La majorité serait donc homogène, favorable sans doute, mais dans tous les cas dégagée de ces divisions intestines qui affaiblissent et paralysent le pouvoir.

Les partis qui se contrebalancent aujourd'hui dans l'Assemblée et qui la morcellent, veulent en effet se condamner réciproquement à une mutuelle impuissance, dans l'espoir illusoire qu'un jour ils pourront faire tourner cette impuissance commune à leur avantage particulier. Ne pouvant s'emparer exclusivement du gouvernement, ils craignent tous que leur rival ne s'en saisisse au moyen de la révision de la Constitution, et ils préfèrent s'étioler en commun que laisser l'un d'eux se développer et grandir. Déplorable sentiment d'individualisme, calcul d'égoïsme coupable que la France ne partage ni n'approuve, dont elle fera disparaître la cause aux prochaines élections, mais qui n'en existe pas moins aujourd'hui à l'état flagrant et qui rend tout impossible.

Eh bien, il faut briser ce système égoïste, crever cette dure enveloppe du tuf politique dont les partis entourent l'Assemblée, et qui l'empêchent de sentir vibrer les fibres généreuses de la nation. Plus d'inaction calculée; la France veut qu'on marche. Pour cela il faut obliger l'Assemblée d'aller en avant dans cette voie de la révision constitutionnelle, dans laquelle une très-grande partie de ses membres ont tant de répugnance à entrer, et où ils ne s'engageront que lorsque les conseils électifs, organes des départements, des villes et des populations, les y auront poussés par les épaules. Sans les pétitions adressées de tous les points du territoire à l'Assemblée constituante, la proposition Rateau ne l'eût pas décidée à déguerpir.

Aujourd'hui, la Montagne, quelques anciens conservateurs ardents et schismatiques, les légitimistes, au moins le plus grand nombre, car, au dernier moment, quelques-uns des plus sages reculeraient et se résigneraient, enfin la gauche, qui se dit modérée, et le tiers-parti, toujours flottant, forment une masse divisée et bariolée d'opinions et d'intérêts différents au dedans, mais compacte au dehors, qui présente un front de bataille inexpugnable contre la révision de la Constitution. Il faut qu'une démonstration nationale fasse justice de ce mauvais vouloir et rompe cette phalange de résistance. Les conseils électifs, représentant l'immense autorité de la nation et pouvant parler en son nom, ont seuls le pouvoir de faire ce miracle. Mais s'ils parlent, il s'accomplira.

CHAPITRE IV.

Changement dans l'attitude des partis en ce qui concerne cette question.

Il y a un an, tous les partis semblaient d'accord pour demander cette révision comme l'acte le plus urgent, le plus indispensable. On la voulait radicale et surtout prompte, on ne craignait presque pas de la demander à peu près immédiate. Elle aurait été réclamée et peut-être accordée si le ministère *tiers-parti* n'eût pas été aux affaires, et si M. Dufaure, surtout, qui était alors ministre de l'intérieur, et qui se sentait pour la Constitution des entrailles de père, tant il est vrai que pour l'amour paternel il n'y a pas de laids enfants, n'avait enjoint aux préfets d'arrêter l'élan des départements et de leurs conseils sur cette question. On sait qu'il leur adressa une circulaire devenue fameuse, qui a été dernièrement rappelée, et dont nous croyons utile de reproduire les termes, précisément à cause du droit qu'elle reconnaît aux conseils généraux, droit applicable dans leur session actuelle ou jamais. Voici la circulaire de M. Dufaure :

« Monsieur le préfet, malgré de trop longues souffrances, le pays accepte les institutions que la Révolution de Février lui a données. Il sent qu'il n'aurait rien à gagner à une révolution nouvelle ; il n'entrevoit pas quelle pourrait en être l'issue, ou plutôt il comprend bien qu'au milieu des prétentions diverses des monarchies déchues, l'anarchie seule sortirait triomphante des tentatives que l'on ferait pour s'affranchir du régime constitutionnel.

» D'ailleurs, la Constitution elle-même se prête à des modifications pacifiques et réfléchies. *L'Assemblée législative actuelle pourra, dans sa troisième année, après le 28 mai 1851, provoquer la révision des dispositions dont l'expérience aurait montré l'insuffisance ou le danger.* Jusque là, la Constitution est la base de toutes nos lois, le fondement et la règle de tous les pouvoirs. L'attaquer est un délit ou un crime prévu par l'article 1er de la loi du 11 août 1848 et l'article 8 de la loi du 9 août 1849.

» Je n'ai aucune raison de craindre que les conseils généraux se livrent à des attaques de cette nature. *Ils peuvent demander la révision au temps et dans les formes réglées par la Constitution elle-même.* Selon la manière dont la demande serait formulée et l'objet auquel elle se rapporterait, une telle délibération pourrait être irréprochable ; mais elle serait révolutionnaire et coupable, si elle demandait une révision anticipée et irrégulière. Votre devoir serait de vous y opposer avec énergie, de montrer que, par de telles propositions, on autorise et on justifie un délit que les lois punissent ; qu'en attaquant un seul article constitutionnel, on les ébranle tous ; que l'on brise la règle qui nous gouverne ; que l'on sort de l'empire du droit pour rouvrir la carrière révolutionnaire. Je m'en repose sur vous, M. le préfet, pour combattre de telles propositions si elles se produisent. Si, malgré vos efforts, elles étaient adoptées, vous me le feriez immédiatement connaître et me transmettriez une copie de la délibération pour que je pusse proposer au président de la République de faire usage des pouvoirs que lui confère l'article 14 de la loi du 22 juin 1833.

» Le respect de la loi ! voilà le sentiment que nous devons remettre en honneur, sous peine de voir la société périr entre nos mains. »

Cette année, ce n'est plus le ministère qui s'oppose à l'émission de ce vœu. M. Dufaure lui-même, sa circulaire à la main, l'autoriserait. Ce sont quelques fractions violentes, impatientes, exaltées des partis qui, désespérant d'arriver à leurs fins si la révision se fait, craignant de la voir tourner au profit du président de la République par une prolongation de pouvoirs qui pourrait en résulter, s'opposent de tous leurs efforts à ce qu'on la demande légalement. Ils savent bien que la demander de cette manière, c'est l'obtenir bien plus sûrement que par un acte de violence et par un coup d'État.

CHAPITRE V.

Nécessité de la révision de la Constitution. — Conséquences de la non-révision.

Ceci nous amène à prouver que la révision de la Constitution est une des nécessités absolues du moment.

On connaît les imperfections de la Constitution, elles ne sont un mystère ni un sujet de doute pour personne, pas même pour ceux qui les nient systématiquement. Elle est jugée depuis longtemps ; elle le fut en dernier ressort presque aussitôt après sa naissance, comme ces enfants difformes , malingres et rachitiques dont on calcule les rares jours d'existence, et dont on prévoit sûrement la mort presque dès l'instant de leur malheureuse naissance. La Constitution n'a pu et ne pourra produire que des résultats désastreux pour le bon gouvernement de la France.

Une bonne Constitution , c'est l'âme d'un peuple, et nous sommes aujourd'hui un corps presque sans âme, ou plutôt avec une âme mauvaise et vicieuse, ce qui est pis encore.

La Constitution, ne contenant pas dans son ensemble et dans ses détails cette balance exacte qui pondère les pouvoirs, et qui est une des nécessités éternelles des gouvernements humains, comme elle est la règle de l'organisation physique du monde, crée les conflits, fait heurter les pouvoirs, prépare l'antagonisme entre les forces sociales, consacre la précipitation dans la confection des lois, laisse le sort du pays aux entraînements d'une Assemblée unique et passionnée. Enfin, par ses combinaisons vicieuses et imparfaites, elle jette tous les quatre ans le pays dans les hasards d'une double élection générale, du renouvellement simultané de tous les pouvoirs ; elle fait table rase de toute autorité à un jour fixe , comme pour prévenir à l'avance les factions du moment où elles auront le plus de chances pour réussir.

La Constitution , empêchant le véritable, le bon gouvernement du pays, perpétue un édifice fragile, provisoire, qui ne protége aucun intérêt, et qui les compromet tous par son instabilité même. Elle entretient l'inquiétude, la défiance, l'agitation, les mauvaises espérances et les craintes au sein même des populations. Elle fait une situation qui n'est pas tout à fait l'anarchie, mais qui est bien loin d'être l'ordre.

La révision de la Constitution peut seule mettre un terme à cet état d'angoisses et d'instabilité qui pèse sur la France comme un lourd cauchemar révolutionnaire , dont elle a hâte de se délivrer ; car il entrave l'essor de sa grandeur intellectuelle et matérielle , l'élan de cette prospérité agricole, commerciale, industrielle, manufacturière, maritime, à laquelle ses immenses ressources lui donnent et lui imposent le droit de prétendre. Après tout, le bien-être et la grandeur de la France valent un peu plus de considération que les fantaisies constitutionnelles de 1848, qui feraient périr la nation en détail par un marasme de tous les jours, ou par une grande crise où elle s'abîmerait au moment du renouvellement de ses pouvoirs suprêmes.

Rester dans la Constitution telle qu'elle est, c'est se condamner à un suicide progressif, à une phthisie lente, mais sûre, suivie d'une catastrophe inévitable. On dit qu'il y a des gens qui s'accommoderaient de cette catastrophe pour en faire sortir ce qu'ils appellent l'ordre définitif. Nous ne le croyons pas ; c'est calomnier les partis et l'humanité que de le dire. Car un calcul pareil serait abominable, la morale politique, la raison humaine le repousseraient comme une odieuse complicité avec le crime et l'anarchie. Il est impossible ; cependant ceux qui repoussent systématiquement la révision y feraient croire. Il faut agir comme s'il était réel.

Que se dégagera-t-il de la grande inconnue de 1852, si on ne révise pas la Constitution, et si nous marchons en aveugles, en indifférents, en ennemis opiniâtres vers ce sombre avenir de 1852 ? Nous y périrons, nous y sombrerons tous ensemble dans la République démocratique et sociale, et alors, dans ces jours néfastes d'horreur et de sang, où triompheraient d'abominables révolutions, par quels regrets amers nous expierions toutes nos susceptibilités, nos antipathies et nos impossibles espérances !

Si on ne révise pas la Constitution, il faut réviser les fusils et aiguiser les sabres, car nous ne resterons pas dans l'état actuel sans commotion violente, et nous ne passerons pas à une autre situation sans guerre civile.

Nous examinerons tout à l'heure en détail quelles sont les principales imperfections, les défectuosités les plus saillantes, les plus capitales de la Constitution; qu'il nous suffise maintenant de proclamer, de redire ce que toute la France déclare hautement, ce que tous les partis ont dit successivement, ce que l'expérience et l'application pratique de cette charte démontre au-delà de toute évidence : son ensemble et ses détails sont vicieux, cette loi de transaction ne convient pas au pays pour lequel on a eu la prétention de la faire.

M. Dupin a dit dans l'introduction de son commentaire sur la Constitution : « Un des plus puissants génies de l'antiquité, Platon, travaillant à son aise, puisqu'il n'avait en vue dans son utopie qu'une *république imaginaire,* pour un peuple idéal, Platon, le divin Platon, est cependant loin d'avoir fait une œuvre irréprochable. Impraticable dans le monde des réalités, elle n'est même pas sous quelques rapports exempte du reproche d'immoralité. Plus rapproché des faits, Solon disait de ses démocrates Athéniens, « qu'il leur avait donné, non pas les meilleures lois qu'il fût possible de faire, mais les meilleures qu'ils pussent supporter. »

» Cela est vrai surtout des lois qui sont promulguées

au sein des révolutions, en présence des passions qu'elles exaltent, des ambitions qu'elles suscitent, des intérêts qu'elles bouleversent, des ruines qu'elles entassent.

» Dieu seul a pu jeter des lois d'une sagesse immuable au milieu de la foudre et des éclairs sur le mont Sinaï. »

Bien plus que les lois de Solon, notre Constitution est imparfaite dans son ensemble et inapplicable dans ses détails. Le Sinaï de 1848, au milieu de ses orages dont la France porte les traces et ressent encore les meurtrissures, n'a produit qu'un décalogue dont l'observance est impossible. La révision totale est indispensablement nécessaire.

CHAPITRE VI.

La Révision doit être totale et non partielle.

Quelques personnes, voulant se réserver les bénéfices d'une révision partielle de la Constitution, demandent que l'Assemblée législative se borne à décréter que seulement quelques-uns de ses articles seront modifiés, et elles ont l'intention de désigner à l'avance les articles destinés à cette révision restreinte. C'est là une opinion qui ne peut être acceptée.

La Constitution pèche par tant de détails, elle a tant de points imparfaits, inacceptables, vicieux, qu'on ne peut limiter les redressements qu'elle doit subir, pas plus qu'on ne peut les prévoir et les désigner tous à l'avance. Il faut laisser une liberté entière à l'assemblée qui sera chargée de ce travail, et qui, pour coordonner l'ensemble du rouage, ne doit pas être emprisonnée dans un programme de cahier, dans les entraves d'un mandat impératif qui ne lui permettraient de toucher qu'à quelques-uns de ses ressorts. C'est une constitution neuve qu'il faut rédiger, en refondant la plus grande partie de l'ancienne au creuset de l'expérience, de la raison et de la nécessité politique.

Etudions la pensée dominante de la France.

Il y existe un besoin universel d'ordre et de stabilité. Ce sentiment circule avec le sang dans toutes les poitrines, il s'exprime par toutes les voix. On accepterait beaucoup de choses, même peu sympathiques, pour avoir du repos. On ne peut penser sans éprouver une sorte de terreur à ce grand passage de 1852, à cette épouvantable transition de l'état actuel, du personnel actuel du pouvoir, de l'assemblée actuelle, à une autre situation que nul ne peut prévoir, ni définir, ni fixer à l'avance, si on n'avait pas la solution la plus naturelle qui se présente. En présence de ce passage effrayant, de cet avenir si sombre, si nuageux, tout ce monde positif, ce monde de la réalité recule et, comme Hamlet, « par le doute arrêté, » il s'attache presque au présent, un peu plus il tremblerait de le perdre malgré ses faiblesses. Il faut donc sans secousse lui faire une situation qui garantisse la durée et la stabilité du pouvoir.

Que veut en ce moment la France? Rien de plus que

du repos et de la tranquillité. L'*utilisme* éclectique est devenu la croyance sociale.

La politique du pays est la politique sérieuse, positive, calme surtout. La France veut travailler et vivre, veut de la paix et de l'ordre pour tisser sa laine, pour fabriquer ses soies, pour teindre, imprimer, ouvrer son coton, pour forger son fer, exploiter ses usines, ses fabriques, armer ses vaisseaux et améliorer ses champs. Faites-lui de la politique qui lui facilite ces résultats, elle vous comprendra et vous remerciera ; elle n'en veut pas d'autre. Elle désire être gouvernée pratiquement, sans égard pour la théorie, le moins mal possible, et vous tient quitte du reste. Les bourgeois n'aiment pas la forme actuelle de gouvernement, c'est un fait incontesté ; ils lui trouvent trop de parenté avec celui qui a ruiné et désolé la France à d'autres époques et dont la seule parodie lui fut si fatale il y a deux ans. Ils trouvent la situation du pouvoir et du pays mauvaise, dangereuse, mais ils veulent en sortir avec le moins de secousse et de trouble qu'on le pourra. Il faudrait, pour les satisfaire, que du soir au lendemain, pendant leur sommeil, un génie des Mille et une Nuits transformât le gouvernement de ce qu'il est en ce qn'ils voudraient qu'il fût. Changez, arrangez cela comme vous le voudrez, comme vous le pourrez, disent-ils, mais surtout ne nous faites pas trop souffrir dans cette opération.

Franchement s'ils prévoyaient trop d'agitation et de souffrances dans cette transition, ils préféreraient rester où ils sont, quoiqu'ils s'y trouvent bien mal et qu'ils ne le cachent pas.

Que voudraient-ils à la place de ce qui est? Mon Dieu, c'est facile à deviner : leur prédilection est pour la monarchie constitutionnelle, pas trop populacière, mélangée de démocratie dans les institutions, et de fermeté, d'énergie, de despotisme intelligent et pratique dans le pouvoir exécutif. Ils demanderaient, s'ils disaient franchement leur préférence, un Napoléon teinté et nuancé de Louis-Philippe et de Louis XVIII, en prenant le bien de ces trois époques, en laissant les imperfections et le mal. Mais encore une fois ils veulent cela sans secousses révolutionnaires, comme le malade qu'on conduirait avec précaution d'un hôpital à une maison douce, riche et confortable.

On le voit, la pensée dominante, c'est l'ordre, abstraction faite de la forme, mais avec la prédilection pour ce qui donne et garantit le plus d'ordre; c'est l'utilisme politique. — Les ouvriers, dans les grands centres usiniers et manufacturiers, sont dans une situation politique exceptionnelle, mauvaise au dedans, bonne au dehors, mais définitivement satisfaisante.

Les ouvriers, pesons-bien ces mots, sont soumis mais non ramenés; ils acceptent matériellement l'état actuel de la société qu'ils voulaient briser il y a peu de temps encore; ils l'acceptent sans l'aimer, sans s'y attacher de cœur, mais enfin ils l'acceptent. Ils ont compris que la force dont la société dispose contre ceux qui voudraient la bouleverser est énorme, qu'il n'y a, selon l'expression de ceux de Paris, que des coups de fusil à gagner en essayant de faire des révolutions, et ils y renoncent tacitement. Les ouvriers des grands centres d'industrie ont repris la routine de leurs travaux ; ils ont abandonné les rêves malfaisants, les délires des clubs pour le positif de l'atelier ; ils rongent encore un peu le frein social, mais enfin ils l'ont repris, et ils finiront même par s'y attacher en voyant que l'aisance revient à la suite du travail. Ceux qui sont réellement intelligents parmi eux sont rentrés dans la voie de ces ambitions honnêtes qui parviennent laborieusement, mais qui finissent par conduire à la bourgeoisie. Ils ne pensent presque plus aux révolutions et à l'âge d'or que leur promettait la République démocratique et sociale. Les plus sages ont vu que c'était de l'or de Ruolz, les autres se soumettent sans être convertis ; mais comme force révolutionnaire ils abdiquent.

— Quant aux cultivateurs et aux petits propriétaires des campagnes, ils tiennent des deux situations, du bourgeois et de l'ouvrier. Ils souffrent encore, mais ils se résignent en voyant poindre une lueur de mieux. Le socialisme essaye bien de s'infiltrer dans les campagnes, mais il n'y réussit pas, parce que tout le monde y possède un peu, et que les mauvaises passions elles-mêmes qui voudraient posséder plus, ne veulent pas perdre ce qu'elles tiennent déjà. Dailleurs, le nom de Napoléon est un prestige puissant dans ces campagnes, et on sait que Napoléon et socialisme sont deux mots antipathiques l'un à l'autre. — Tel est l'état des départements, même les moins agricoles, et

les plus envahis par les ouvriers des usines, des ma-
nufactures, des mines et des fabriques ; il est satisfai-
sant, mais il aspire à s'améliorer.

Cette situation de la société est rassurante, parce
que les agitateurs n'ont réellement pas de prise sur
elle. — Les utopies y sont en horreur ; on n'accepte
que le positif. — Le vagabondage politique y est à
peu près inconnu ou retourné à cet état de déconsi-
dération et d'impuissance d'où il n'est sorti un instant
qu'après le 24 février pour entrer trop souvent dans
les fonctions publiques. Il est retombé généralement
sur le pavé du mépris. — On demande avant tout
l'ordre et le calme politique ; on veut un changement, parce qu'on n'aime pas la forme actuelle
des pouvoirs, mais on ne veut pas de révolutions,
ou bien on les veut douces et imperceptibles.

Ces dispositions doivent déconcerter bien des ambitions, mais elles doivent rassurer les honnêtes gens.
L'essentiel, c'est que le gouvernement sache en tirer
parti pour l'avenir et pour la révision pacifique de la
Constitution. Ne pensons pas aux utopies, même les
plus brillantes ; les départements, c'est-à-dire la
France, ne veulent que l'utilisme.

Évitons par conséquent tout ce qui constituerait le
caractère d'une révolution dans la révision de la Constitution. Le pays ne peut pas la tolérer ; mais il veut
avant tout en être délivré sans violence et sans crise.

CHAPITRE VII.

La forme du gouvernement pourrait-elle être changée dans la révision? — République et monarchie.

Une grande question se présente d'abord, c'est celle dont l'éclat frappe le plus vivement les masses.

La nation a-t-elle le droit de changer elle-même la forme de son gouvernement? Est-elle condamnée à la forme républicaine à perpétuité, ou bien peut-elle par son initiative souveraine choisir entre la république et la monarchie, entre un gouvernement constitutionnel et héréditaire et une combinaison qui a tous les défauts, toute l'instabilité des gouvernements représentatifs sans en procurer les avantages? Telle est la question qui domine de toute sa hauteur la révision de la Constitution. Cette question, disons-le tout de suite, a été déjà résolue dans le sens de la liberté de la nation par tous ceux qui l'ont posée, le bon sens la décide, la Constitution elle-même en contient la solution. En effet, ne dit-elle pas dans son article 1er : « La souveraineté réside dans l'universalité des citoyens français. Elle est inaliénable et imprescriptible.» (Notez bien toute la vaste et absolue étendue de ces mots, rien ne les limite). «Aucun individu, aucune fraction du peuple ne peut s'en attribuer l'exercice.» Donc les républicains, qui ne sont qu'une partie, qu'une fraction de la nation, ne peuvent exiger que leur principe soit appliqué au détriment des autres fractions de cette nation, et il est nécessaire que toutes ensemble décident ; et toutes ensemble, c'est-à-dire la majorité, peuvent toujours revenir sur ce qu'elles ont décidé et acclamé antérieurement. Cela est de droit, de bon sens, cela est éminemment conforme aux doctrines de la Constitution elle-même. La forme de gouvernement, produit du suffrage universel si l'on veut, quoique ce soit douteux, ne peut jamais être mise si haut que le suffrage universel ne puisse l'atteindre et la changer. Le rapporteur de la Constitution ne disait-il pas: « La Constitution que nous avons à vous présenter doit être à la fois républicaine et démocratique ; c'est-à-dire qu'elle doit armer la démocratie des moyens de se régulariser, de se mouvoir, de se modifier pacifiquement. Telle est la pensée fondamentale qui a dirigé votre commission... Pour une personne sociale comme pour un être individuel, la volonté est essentiellement libre ; elle se détermine par des besoins mobiles, variables, incessamment modifiés par un double instinct, dont un peuple ne se dépouille pas plus qu'un homme, l'instinct de conservation qui fait le fond de la vie; l'instinct de perfectionnement qui donne l'activité, l'impulsion, le désir du bien-être, le mouvement ascendant, la moralité, le progrès. Livrée au mouvement de ses désirs et de ses passions, la société se briserait bientôt comme une machine détraquée; immobilisée, matérialisée, pétrifiée, condamnée à vivre de la vie du polype, elle s'arracherait bientôt sanglante du roc où l'on essayerait de l'incruster. »

Si l'expérience prouvait que la République est impossible en France, pourquoi l'incruster, comme dit la commission constituante, sur ce roc républicain? Or, cette expérience ancienne et récente a donné des résultats tellement incontestables que le doute n'est presque plus permis.

La forme républicaine actuelle n'est pas un perfectionnement social, c'est plutôt un pas rétrograde vers les premiers rudiments de l'état politique, qui se développe par la monarchie et qui ne devient parfait que par le gouvernement constitutionnel. La république de la constitution est en effet établie sur le principe de l'individualisme comme puissance, et de la souveraineté des masses non restreinte, épurée et moralisée par le système constitutionnel, comme action. C'est la porte légalement ouverte aux ambitions et aux bouleversements incessants; c'est le protestantisme politique poussé aux dernières limites de la licence des esprits ; c'est le libre examen étendu à l'excès, et avec lequel on est toujours en route pour arriver à l'anarchie.

Voyez les républicains eux-mêmes avec leurs divisions toujours croissantes! Voyez-les, même le lendemain de l'établissement de la république, ne travaillant qu'à se renverser réciproquement, qu'à se détruire les uns les autres, conspirant sans cesse contre leurs anciens co-religionnaires, chefs et compagnons dans leur combat contre la monarchie, au lieu de s'associer en commun pour tâcher de fonder le mieux possible leur gouvernement favori ! Ils pouvaient améliorer l'état social, même avec l'application de leurs principes ; ils pouvaient au moins le tenter. Ils n'ont fait que gaspiller du pouvoir et de l'argent. Nous n'avons pas besoin de rappeler les dates de leurs complots et de leurs manifestations ; ils n'ont pas oublié eux-mêmes les dates éloquentes de mars, d'avril et de juin. En un mot, le parti républicain n'était dans ces derniers temps en France qu'une réunion d'hommes dont les uns, les convaincus, les théoriciens, les honnêtes, comme l'a proclamé à la tribune de l'Assemblée un de leurs ministres, n'étaient pas prêts pour fonder la république lorsqu'elle leur est arrivée sortant d'une surprise, et ne croyaient pas à son avènement ; dont plusieurs ne se disaient républicains que par dépit d'ambition, pour n'avoir pu obtenir de la monarchie les places et les grandes fonctions qu'ils recherchaient ; et dont les derniers, c'est-à-dire la masse, la foule, la multitude, l'armée militante de la république de février, ne comprennent jamais la république que comme un moyen de renversement, de destruction, de vengeance, de désordre et d'anarchie. Y a-t-il là de véritables éléments politiques pour fonder un pouvoir? L'expérience a achevé de démontrer que non.

La démocratie en France étant plutôt dans les idées que dans les mœurs, nous avons réuni les vices des aristocraties et ceux des démocraties sans en avoir les bienfaits. La république n'a pas pu cesser complétement d'être une révolution pour devenir un gouvernement. Son principe nous eût conduit fatalement au socialisme si on ne l'avait pas arrêté. Ceux qui veulent la conserver savent à n'en pas douter que cette forme de gouvernement aurait ce résultat; ils y tiennent parce qu'ils y trouvent l'avenir pour eux. Il y a bien certains esprits méticuleux qui n'aiment pas la république, mais qui craignent les commotions; ils vivent au jour le jour et meurent à petit feu avec résignation; mais la majorité du pays n'a pas de sympathie réelle pour cette forme de gouvernement et ne s'en accommoderait que temporairement, car c'est d'elle qu'est venu cet état incessant de malaise qui accable la France depuis deux ans et qui paralyse ses forces.

Nous n'insisterons pas sur cette face de la question; nous croyons qu'en révisant la Constitution, l'Assemblée nationale pourrait changer ou modifier la forme du gouvernement que sa devancière a adopté sans outrepasser ses droits, car ces droits seront sans borne, absolus et pléniers.

Mais nous croyons aussi, et ceci est très-important, que le moment d'user de ces droits d'une manière complète n'est peut-être pas venu; en un mot, qu'il faut encore garder la forme actuelle de gouvernement pour compléter l'expérience, pour ne pas soulever des obstacles par une détermination prématurée. Les jours viendront pour faire l'avenir définitif; mais il faut qu'ils soient amenés par le cortége de la réflexion et de l'expérience. Laissons la solution de cette question au temps et à une future Assemblée.

CHAPITRE VIII.

Des principaux articles à réviser dans la Constitution.

Quoique les conseils locaux doivent, d'après l'avis des personnages politiques les plus prudents et les plus sages, se borner à demander la révision de la Constitution en général, *in globo,* sans descendre aux détails qui donneraient lieu à des débats inopportuns, nous croyons utile cependant d'indiquer sommairement quelles sont les parties de cette Constitution qui sont jugées les plus incontestablement défectueuses et qui appellent les plus immédiates modifications.

Ne parlons pas du préambule, il a été vivement attaqué ; on n'a pas épargné le ridicule à sa naïveté prétentieuse ; mais il faut bien tenir compte à ceux qui l'ont rédigé d'une intention honnête. Ils ont voulu, disaient-ils, en repoussant les efforts que faisait le socialisme pour s'introduire dans la Constitution, reconnaître et proclamer des droits en imposant des devoirs. C'était une transaction peut-être nécessaire dans ces temps où la vague de février venait encore mugir sur le sol ébranlé aux portes de la Constituante, et en présence des dispositions de cette Assemblée, qui se ressentait de son origine et des jours de sa naissance.

Passons donc en revue ces articles essentiels et pratiques. Ceux qui nous paraissent appeler les plus sérieuses modifications sont les suivants :

« Art. 1ᵉʳ. — La souveraineté réside dans l'universalité des citoyens français ; elle est inaliénable et imprescriptible. Aucun individu, aucune fraction du peuple ne peut s'en attribuer l'exercice. »

Cet article est gros de tempêtes. Toutes les catastrophes politiques, tous les bouleversements anarchiques qui ont signalé le cycle révolutionnaire du xvIIIe siècle et de la moitié du xIxe, viennent de ce principe inscrit dans la Constitution comme un encourament. Cependant il est impossible de l'en effacer, car il est admis dans le droit national. On ne peut donc qu'en modifier la formule.

« Art. 10. — Tous les citoyens sont également admissibles à tous les emplois publics, sans autre motif de préférence que leur mérite, et suivant les conditions qui seront fixées par les lois. Sont abolis à jamais tout titre nobiliaire, toute distinction de naissance, de classe et de caste. »

On peut abolir les titres nobiliaires, ils n'en existent pas moins. Il fallait donc se borner à déclarer abolis les priviléges attachés à la noblesse. Ils le sont depuis longtemps. Au reste, la démocratie elle-même n'est-elle pas intéressée à reconnaître les services rendus par les pères pour que les fils en rendent aussi à la patrie ?

« Art. 18. — Tous les pouvoirs publics, quels qu'ils soient, émanent du peuple. Ils ne peuvent être délégués héréditairement. »

Ceci est la grande question pendante entre la monarchie constitutionnelle, qui sera toujours la meilleure des républiques, et la République de 1792 et de 1848. Cette question est traitée ailleurs. Cependant nous devons dire que la souveraineté du peuple étant ab-

solue, il peut toujours en user pour la déléguer héréditairement, puisqu'enfin il faut bien qu'il la délègue
temporairement pour qu'il y ait un gouvernement
dans le pays.

« Art. 20. — Le peuple français délègue le pouvoir exécutif à une assemblée unique. »

C'est encore là un des vices essentiels de la Constitution, le plus appréciable pour tous, et l'un des plus
féconds en déplorables résultats. On se rappelle
comment la majorité de la commission de la Constitution justifiait la proscription prononcée contre la seconde chambre, et on a vu, en comparant froidement
les œuvres législatives de l'Assemblée unique avec
l'argumentation du rapporteur, que l'expérience ne
lui a pas donné raison.

Cette question de l'établissement de deux chambres,
de deux assemblées législatives a été tellement éluci-
dée par les délibérations et les discours dans la discussion de la Constitution, par les débats qui ont eu lieu
à des époques antérieures, par l'opinion de tous les
grands esprits, par l'avis de tous ceux qui sont initiés
à la véritable science politique, et enfin par l'expérience récente et ancienne, qu'il serait inutile d'insister sur les avantages que présente une double assemblée et un double examen des lois faites avec des
données, des vues et des positions différentes. Quelques-uns des hommes qui ont consenti à ce qu'une
seule chambre fût établie n'ont adopté cet avis qu'à
cause des dangers politiques et révolutionnaires que
présentait au moment du vote l'opinion contraire. Ils

ne voulaient pas heurter trop vivement l'esprit démocratique, assez dictatorial de sa nature, et alors comme aujourd'hui, partisan d'une assemblée unique, parce que cette unité est le symptôme et la garantie de l'état révolutionnaire. Ils craignaient, ils étaient prudents, ils repoussaient la dualité de la législation, de peur que les républicains de l'Assemblée et de la rue ne se soulevassent contre ce qu'ils considéraient comme un acte de réaction à leur principe. Mais toutes.les sommités politiques, tous les hommes de sens parlementaire, d'expérience et de prévision, soutenaient alors comme aujourd'hui qu'un établissement gouvernemental sans une double assemblée est incomplet, vicieux au point de vue législatif, gros de danger au point de vue politique ; car deux pouvoirs en présence sans avoir à côté d'eux l'arbitrage prudent d'un autre pouvoir pour les départager avec une sagesse sénatoriale, doivent presque inévitablement en venir à la lutte.

L'établissement de deux assemblées, d'un sénat composé avec les éléments les plus puissants, et d'un corps législatif plus mobile, plus variable, puisé sans cesse au cœur du pays, est donc une des premières nécessités de la révision. Ce sera sans doute la moins contestée. Cette dualité du pouvoir législateur n'a contre elle que les révolutionnaires absolus, et le temps de leurs utopies est passé. Les sophismes sur lesquels le rapporteur de la Constitution a basé l'unité n'ont plus aucune valeur aujourd'hui. L'opinion de la France est formée sur ce point capital ; elle réclame les deux chambres.

« Art. 24. — Le suffrage est direct et universel. — Le scrutin est secret. »

Cet article tuerait tout gouvernement si le suffrage n'était pas réglé.

« Art. 28. — Toute fonction publique rétribuée est incompatible avec le mandat de représentant du peuple. »

Il y a un véritable dommage pour le pays dans l'éloignement absolu des fonctionnaires du mandat législatif. Une assemblée privée des lumières et de l'expérience des fonctionnaires, juge très-souvent mal les questions essentielles qui se rattachent à l'administration générale et particulière. Une assemblée où il y a trop de fonctionnaires est dangereuse, mais une assemblée où il n'y en a pas du tout est encore pire.

« Art. 31. — L'Assemblée nationale est élue pour trois ans et se renouvelle intégralement quarante-cinq jours au plus tard avant la fin de la législature ; une loi détermine l'époque des nouvelles élections. Si aucune loi n'est intervenue dans le délai fixé par le paragraphe précédent, les électeurs se réunissent de plein droit le trentième jour qui précède la fin de la législature. — La nouvelle assemblée est convoquée de plein droit pour le lendemain du jour où finit le mandat de l'assemblée précédente. »

Nous n'indiquerons pas les modifications que peut subir cet article ; mais en le coordonnant aveccelles qui seront faites à d'autres articles de la Constitution, il sera possible d'y introduire quelques changements, peut-être en ce qui concerne la durée triennale des assemblées.

« Art. 32. — Elle est permanente. Néanmoins. elle peut s'ajourner à un terme qu'elle fixe. Pendant la durée de la prorogation, une commission composée des membres du bureau et de vingt-cinq représentants nommés par l'Assemblée au scrutin secret et à la majorité absolue, a le droit de la convoquer en cas d'urgence.

» Le président de la République a aussi le droit de convoquer l'Assemblée.

» L'Assemblée nationale détermine le lieu de ses séances. — Elle fixe l'importance des forces militaires établies pour sa sûreté et elle en dispose. »

Les législateurs de la Constituante ont voulu faire de la permanence une sauvegarde contre les usurpations, qui étaient leur cauchemar continuel. Ils ne voyaient pas que cette permanence de la tribune parlementaire est une raison incessante d'agitations dans le pays, et que la permanence des assemblées est une source de prétentions à la souveraineté absolue, à l'abaissement du pouvoir exécutif, et par conséquent une cause continuelle de conflits. Une assemblée qui aurait tous les ans une session de six mois ferait bien mieux les affaires ; et en se préoccupant moins de sa souveraineté, elle laisserait le gouvernement gouverner et administrer un peu plus et un peu mieux. Le chef du pouvoir exécutif pourrait toujours la convoquer pendant l'intervalle des sessions, mais elle ne serait pas forcée de fonctionner continuellement, et surtout elle n'aurait pas des loisirs pour les intrigues parlementaires.

« Art. 38. — Chaque représentant du peuple reçoit une indemnité à laquelle il ne peut renoncer. »

Cette question est tranchée par l'opinion générale qui ne veut plus la continuation de cette indemnité peu digne, ou qui réclame au moins sa diminution.

« Art. 39. — Les séances de l'Assemblée sont publiques. Néanmoins l'Assemblée peut se former en comité secret sur la demande du nombre de représentants fixé par le règlement.

» Chaque représentant a le droit d'initiative parlementaire ; il l'exercera selon les formes déterminées par le règlement. »

Le dernier paragraphe de cet article est calamiteux pour l'Assemblée, pour le gouvernement et pour le pays, toujours exposés à être troublés, agités, dérangés de leur état normal par ce déluge de propositions quelquefois dangereuses, parfois absurdes, qui dérivent de ce droit d'initiative. Le règlement de l'Assemblée a essayé d'en restreindre l'usage, mais la Constitution doit le modifier.

« Art. 41. — Aucun projet de loi, sauf les cas d'urgence, ne sera voté définitivement qu'après trois délibérations, à des intervalles qui ne peuvent pas être moindres de cinq jours. »

L'urgence, qui est l'exception, est devenue trop souvent la règle commune. Elle a produit des inconvénients graves, et l'expérience a prouvé que, hormis les cas les plus essentiels, où il s'agit de mesures de gouvernement réclamées impérieusement par le salut public, l'urgence est un mauvais instrument législatif.

Le procédé des trois délibérations a été adopté pour remplacer la sage et protectrice diversité d'examen par les deux Assemblées. Si elles sont rétablies, ce que nous espérons, par la Constitution révisée, ce système, d'ailleurs inefficace et illusoire, des trois délibérations, dont deux, ou une au moins, sont purement nominales, tombera nécessairement. Cet expédient a été inventé, comme tant d'autres, par les arrangeurs du régime républicain, pour tourner les difficultés qu'ils rencontraient à tous les pas en dehors des vrais principes de législature. Il aura fait son temps et démontré leur profonde incapacité dans la politique pratique.

« Art. 42. — Toute proposition ayant pour objet de déclarer l'urgence est précédée d'un exposé des motifs. Si l'Assemblée est d'avis de donner suite à la proposition d'urgence, elle ordonne le renvoi dans ses bureaux et fixe le moment où le rapport sur l'urgence lui sera présenté. Sur ce rapport, si l'Assemblée reconnaît l'urgence, elle le déclare et fixe le moment de la discussion. Si elle décide qu'il n'y a pas urgence, le projet suit le cours des propositions ordinaires. »

Cet article, destiné à réglementer l'urgence elle-même, doit suivre le sort du précédent dans une révision intelligente de la Constitution.

« Du pouvoir exécutif. »

Dans la Constitution de 1848, le pouvoir exécutif est placé intentionnellement sur le second plan, et dans un état d'infériorité évidente. On a semblé vouloir le subordonner à la législature, et on a fait, en apparence du moins, du président de la République l'agent signataire des décisions de l'Assemblée. Autant aurait valu dans ce système faire nommer le président par cette Assemblée elle-même : issu d'elle, il eût été naturel qu'il lui obéît.

Cependant, même dans ce régime, le président, ou le pouvoir exécutif, a une existence indépendante du parlement, puisée comme la sienne aux sources de la souveraineté nationale, par l'élection universelle. Son action est directe, libre et souveraine dans la sphère de ses attributions. La délégation que le peuple lui donne est directe, absolue, entière et sans intermédiaires. Il est plus que chef du pouvoir exécutif, comme l'était, avec l'investiture de l'Assemblée, M. le général Cavaignac ; il est président nommé par la nation. C'est un peu moins qu'un roi héréditaire, mais son autorité ressemble beaucoup à celle d'un roi électif. C'est ce que l'Assemblée n'a pas compris, ou ce qu'elle a oublié quand elle a essayé d'amoindrir l'autorité du président.

Toutes les dispositions de la Constitution relatives au pouvoir exécutif sont donc généralement incomplètes, défectueuses, inspirées par un sentiment de défiance hostile. Elles appellent en grande partie une révision profonde, faite sous l'influence d'un sentiment plus juste et plus politique.

« Art. 50. — Il (le président) dispose de la force armée, sans pouvoir jamais la commander en personne. »

Avec cette prohibition, Louis XIV, Turenne, Napoléon, Condé, n'eussent pu, s'ils avaient été présidents de notre République, commander les armées et sauver la France. Cette interdiction est absurde et témoigne seulement des craintes ridicules des républicains de la veille et de leur frayeur à la pensée qu'une épée glorieuse pourrait être choisie à leur place. Cet article est à changer.

« Art. 54. — Il ne peut céder aucune portion du territoire, ni dissoudre ni proroger l'Assemblée nationale, ni suspendre en aucune manière l'empire de la Constitution et des lois. »

Sans la faculté de dissoudre l'Assemblée, le pouvoir législatif et le pouvoir exécutif sont condamnés à vivre dans un conflit perpétuel et dont les résultats peuvent être terribles, lorsqu'il est une fois engagé. Le conflit existe ainsi toujours, il peut être à l'état d'éruption ou à l'état latent; la permanence et l'existence forcément simultanée le maintiennent nécessairement. Avec la faculté de dissoudre l'Assemblée élective, dans certaines conditions et avec certaines formalités protectrices de la liberté nationale, le danger disparaît. Une nouvelle assemblée est élue, la nation donne raison au président ou au parlement, et la machine du gouvernement continue à fonctionner sans secousses. L'incompatibilité d'humeur dans la vie commune pousse aux violences, si la séparation est impossible ; quand le divorce peut se faire, le calme renaît quelquefois seulement par l'effet de cette possibilité.

« Art. 55. — Il a le droit de faire grâce, mais il ne peut exercer ce droit qu'après avoir pris l'avis du

Conseil d'Etat. — Les amnisties ne peuvent être accordées que par une loi.

» Le président de la République, les ministres, ainsi que toutes les autres personnes condamnées par la haute Cour de justice, ne peuvent être graciés que par l'Assemblée nationale. »

Pourquoi ne pas revenir au système plus simple, moins ombrageux et plus efficace des constitutions précédentes, et laisser le droit de grâce absolu au chef du pouvoir exécutif ?

« Art. 62. — Il est logé aux frais de la République, et reçoit un traitement annuel de six cent mille francs par an. »

L'insuffisance de ce traitement est reconnue; l'augmenter est une nécessité pour sauvegarder la dignité du pouvoir et en rendre l'exercice possible et convenable. Ne rappelons pas les tristes débats de la loi de dotation. La mesquinerie n'est ni dans le caractère français, ni dans l'intérêt du commerce, de l'industrie et de la grandeur nationale. Aux républicains, qui après avoir gaspillé le trésor, viennent encore parler de simplicité démocratique, d'austérité romaine, on peut répondre que lorsque Fabricius mangeait dans une écuelle de bois, il n'y avait pas des milliers de citoyens vivant de travaux alimentés par le luxe. Il est évident pour tout le monde aujourd'hui que ce traitement misérable est insuffisant, et qu'il soumet le président à des demandes d'argent dont l'examen et la discussion déconsidèrent le pouvoir. Tout est dit là dessus; il n'y a qu'à réviser et modifier cet article.

« Art. 68. — Le président de la République, les ministres, les agents et dépositaires de l'autorité publique, sont responsables, chacun en ce qui le concerne, de tous les actes du gouvernement et de l'administration.

» Toute mesure par laquelle le président de la République dissout l'Assemblée nationale, la proroge ou met obstacle à l'exercice de son mandat, est un crime de haute trahison.

» Par ce seul fait, le président est déchu de ses fonctions; les citoyens sont tenus de lui refuser obéissance ; le pouvoir exécutif passe de plein droit à l'Assemblée nationale. Les juges de la haute Cour de justice se réunissent immédiatement à peine de forfaiture; ils convoquent les jurés dans le lieu qu'ils désignent, pour procéder au jugement du président de la République et de ses complices. Ils nomment eux-mêmes les magistrats chargés de remplir les fonctions du ministère public.

» Une loi déterminera les autres cas de responsabilité, ainsi que les formes et les conditions de la poursuite. »

Tout ce luxe de dispositions menaçantes qui n'étaient pas dans le texte primitif de la Constitution rédigé par la commission, n'y a été introduit que par des amendements inspirés par l'esprit hostile de la majorité de la Constituante, qui voulait se prémunir contre ce qu'elle appelait les abus du pouvoir exécutif. Il ne faut pas que la Constitution nouvelle consacre cet état de lutte permanente et conserve le caractère d'un inquisiteur méfiant, toujours à l'affût d'une précaution. Ces dispositions doivent être adoucies et réduites à ce que la sagesse, la prudence et une modération grave et digne peuvent exiger ; la Constitution d'un peuple ne doit pas être un instrument de guerre sans cesse dirigé contre son gouvernement.

« Du Conseil d'État. »

L'institution du conseil d'État sous l'empire était excellente ; elle avait survécu à tous nos bouleversements politiques et aux changements de gouvernement. La Constitution de 1848, ne voulant pas créer deux assemblées délibérantes, a voulu faire du conseil d'État une sorte de sénat en raccourci, une seconde chambre non souveraine et non législative, un contrepoids à l'omnipotence de l'assemblée unique. La Constitution n'a pas atteint son but. Comme corps délibérant, et quasi politique, le conseil d'État n'est presque rien aujourd'hui ; il était excellent avec ses attributions administratives et son travail hiérarchique. Ses attributions facultatives et insignifiantes d'à présent, sa composition, faite au moyen de l'introduction successive de ces trente membres que lui donne le scrutin parlementaire, n'ont rien de parfait, c'est une institution mutilée.

Dès le jour de l'installation du nouveau conseil d'État par la Constitution de 1848, on a pensé à le modifier lors de la révision ; cela se fera, et on rétablira le conseil d'État tel qu'il était avant cette organisation malheureuse.

« Art. 78. — Une loi déterminera la composition

et les attributions des conseils généraux, des conseils cantonnaux, des conseils municipaux, et le mode de nomination des maires et des adjoints.»

Les conseils cantonnaux peuvent-ils remplacer les conseils d'arrondissement?

Quant aux conseils généraux et aux conseils municipaux, leur organisation et la définition de leurs attributions, combinées avec les besoins pondérés de l'unité et de la décentralisation modérée, doivent avoir une place bien marquée dans la Constitution.

« Art. 83. — La connaissance de tous les délits politiques et de tous les délits commis par la voie de la presse appartient exclusivement au jury. Les lois organiques détermineront la compétence en matière de délits d'injures et de diffamation contre les particuliers. »

Ce sont là d'immenses questions ; peut-être la nouvelle Constitution pourrait-elle sans danger et avec de grands avantages pour la société, établir un jury spécial pour la presse dans chaque département, en calquant cette institution sur celle du jury de la haute cour nationale.

CHAPITRE IX.

Du mode de révision de la Constitution. — Opinions diverses.

La plus grave, la plus sérieuse, et disons-le franchement, la plus périlleuse de toutes les questions secondaires qui se soulèvent avec la révision de la Constitution, c'est celle qui concerne la forme elle-même dans laquelle cette révision sera décrétée et opérée.

Sur cette question on a dit et écrit les choses les plus contradictoires, les plus hardies et même les plus patriotiquement inconstitutionnelles.

D'abord, et comme la Constitution était insupportable au pays dès le jour où elle fut tristement proclamée, on avait demandé sa révision immédiate par l'Assemblée législative elle-même.

Cette réclamation et ce vœu pouvaient être contraires au texte de la Constitution elle-même, mais ils n'étaient en opposition ni avec son esprit, c'est-à-dire avec la souveraineté imprescriptible de la nation qui en fait la base, ni avec les articles 1, 18, 20 et 24. C'est le cas de rappeler la question que se pose M. Dupin dans son Commentaire, et la réponse qu'il y fait. « Une assemblée, dit-il, pourrait-elle, au lieu de proposer quelques articles à la révision d'une autre assemblée, proposer directement cette révision à la sanction du peuple souverain, du peuple de qui tous les pouvoirs émanent, et dont l'Assemblée nationale elle-même n'est qu'une délégation ? Si cela arrivait, qui pourrait s'en plaindre, puisque le peuple entier serait appelé à prononcer dans les comices du suffrage universel ? »

La nation souveraine ne doit qu'à elle seule et à Dieu compte de ses actes ; elle n'est justiciable que d'elle-même.

« Le magistrat chargé d'exécuter et d'appliquer la loi, qu'il n'a pas faite, écrivait dernièrement un publiciste distingué, ne peut se mettre au-dessus de cette loi, et le plus souvent, esclave de la lettre, n'est pas maître d'en interroger l'esprit. Mais le peuple, qui fait la loi, puisque la loi, c'est sa volonté, le peuple peut à son gré la modifier, l'étendre ou la restreindre, la suspendre, l'abroger ou la faire revivre.

» Supérieur à toute règle, affranchi de tout contrôle, indépendant de toute tradition, le peuple n'a dans ces grandes et suprêmes crises sociales pour *criterium* de ses actes et de sa volonté que son intérêt, pour mesure que sa force, pour frein et pour limites que ceux qu'il se donne à lui-même dans des lois auxquelles il n'est tenu d'obéir qu'aussi longtemps qu'elles sont obligatoires, c'est-à-dire jusqu'à ce qu'il les change.

» Le peuple est souverain, c'est tout dire. Et si la souveraineté nationale, reconquise, dit-on, depuis Février et chaque jour proclamée par tous les partis, n'est pas un vain mot, si ce n'est pas un mensonge jeté aux masses pour les asservir, il doit suffire, pour rendre licite ce qui était défendu, et légitime ce qui ne l'était pas de la volonté nationale se manifestant dans l'expression du suffrage universel.

» Rousseau a soutenu que *la volonté nationale ne peut être déléguée.* Il aurait dû dire : *ne peut être abandonnée.* »

Si les républicains croient à leurs principes, s'ils admettent la souveraineté du peuple, agissant autrement qu'armée du fusil de l'insurrection, ils doivent reconnaître qu'il peut, s'il lui convient, quand il lui conviendra, modifier sa Constitution par l'organe de ses représentants, dont, en réalité, le mandat n'a pas de limite.

La question était donc éclaircie et résolue en droit ; mais , en fait, on pensait que ce serait mettre trop de précipitation dans un acte aussi solennel, et d'ailleurs aucun parti ne se croyait encore prêt pour diriger cette révision à son avantage. Tous paraissaient la vouloir, aucun n'insista. Le gouvernement, par l'organe du ministère tiers-parti, ordonna aux préfets, comme nous l'avons dit plus haut, de mettre une sourdine à l'expression du vœu national, et peu à peu, tout en continuant de proclamer la nécessité de la révision de l'acte constitutionnel, on n'employa que l'inaction et l'atonie pour l'obtenir. C'est ainsi qu'on est arrivé au jour actuel, qui est le moment décisif ; car passé cette session des conseils départementaux, il serait TROP TARD pour eux ; ils ne pourraient plus demander cette grande réparation politique *qu'après l'époque où elle serait encore une fois impossible,* en se tenant dans la limite étroite et judaïque de la légalité.

Il faut dire aussi que plusieurs fois on a parlé de la possibilité de coups d'État ayant pour objet le changement de certaines parties de la Constitution, surtout de celles qui sont relatives au pouvoir exécutif. Mille bruits ont circulé sur ces prétendus projets, et ces rumeurs sont devenues la menue monnaie des partis, le fretin vulgaire de la polémique routinière. Vingt fois démentis, ils ont toujours été renouvelés, quoiqu'il fût bien évident que puisque le Président n'avait pas eu d'abord recours à ce moyen toujours facile, toujours à la portée des ambitions vulgaires et pressées parce qu'elles sont inintelligentes, c'est qu'il n'y pensait pas réellement.

Si on avait pu douter jusqu'à ce jour des véritables intentions du prince Louis-Napoléon au sujet de ces coups d'État, les grandes et sévères paroles qu'il a prononcées à Lyon en répondant au maire de cette ville, feraient disparaître toute incertitude, et fixeraient avec précision la limite de ses justes prétentions et de ses espérances. Il est bon de rappeler, et de poser comme un jalon dans la politique de l'avenir, ces paroles qui ont eu du retentissement en France et en Europe :

« Des bruits de coups d'État, a dit le Président, sont peut-être venus jusqu'à vous, messieurs, mais vous n'y avez pas ajouté foi ; je vous en remercie.

» Les surprises et les usurpations peuvent être le rêve des partis sans appui dans la nation, mais l'élu de six millions de suffrage exécute les volontés du peuple, il ne les trahit pas. Le patriotisme, je le répète, peut consister dans l'abnégation comme dans la persévérance.

» Devant un danger général, toute ambition personnelle doit disparaître. En cela, le patriotisme se reconnaît, comme on reconnut la maternité dans un jugement célèbre. Vous vous souvenez de ces deux femmes réclamant le même enfant : à quel signe reconnaît-on les entrailles de la véritable mère? Au renoncement à ses droits que lui arrache le péril d'une tête chérie.

» Que les partis qui aiment la France n'oublient pas cette leçon. Moi-même, s'il le faut, je m'en souviendrai ; mais, d'un autre côté, si des prétentions coupables se ranimaient et menaçaient de compromettre le repos de la France, je saurai les réduire à l'impuissance en invoquant encore la souveraineté du peuple, car je ne reconnais à personne le droit de se dire son représentant plus que moi. »

Ainsi, le Président déclare positivement qu'il n'a jamais pensé et qu'il ne pense pas aux coups d'État (accusation incessante de ses ennemis) pour conserver un pouvoir que la France a besoin de laisser entre ses mains si elle veut vivre et prospérer. La protestation franche et claire du Président confirme tout ce que nous avons dit depuis longtemps. Nous savions en effet que le prince Louis-Napoléon ne voulait devoir rien qu'à l'accord, au concours de la majorité conservatrice de l'Assemblée et du pays, dont il provoquerait la décision suprême en temps opportun.

Si le Président avait voulu faire des coups d'État au profit de son pouvoir, il aurait trouvé la nation disposée à le seconder ; chacun le sait de notoriété publique. En plus d'une circonstance, on lui a même reproché assez hautement de ne pas avoir saisi les occasions qui se présentaient à lui d'elles-mêmes. On a dit bien souvent qu'il avait eu tort de ne pas s'en emparer pour mettre un terme à cet état d'incertitude accablante, de lourd marasme, qui, après le désordre de 1848, a pesé sur la France et qui l'eût étouffée sans la force de vitalité que lui donnent ses espérances. On a dit qu'il aurait dû briser les difficultés incessantes de ce régime hybride, de ce gouvernement hétérogène, bâtard, hérissé d'impossibilités, dont la Constitution avait inauguré l'établissement. Il ne l'a pas fait parce qu'il ne voulait pas le faire.

Il ne faut pas même croire que tous ces fiers tribuns qui se redressent si orgueilleusement aujourd'hui dans leur toge romaine et dans leur vieux manteau de conventionnel, qui se disent libéraux intraitables, républicains indomptables, qui se font des dragons de vertu parlementaire, eussent résisté républicainement à ces coups d'État. Allons donc ! On connaît le fond de ces hommes. On sait comment les uns s'évanouissent devant l'énergie, et comment les autres s'assouplissent devant la puissance. Une heure avant le 18 brumaire, leurs devanciers assourdissaient la salle de l'orangerie à Saint-Cloud de leurs cris de : Mort au tyran ! de leurs serments de mourir pour défendre la liberté. Une heure après, il n'y avait pas assez de fenêtres dans cette salle pour donner passage à tous les démocrates épouvantés, et le lendemain, les antichambres du général Bonaparte n'étaient pas assez larges pour contenir tous ces Fabricius, ces Harmodius, ces Aristogiton, ces Brutus manqués, qui venaient solliciter le tout puissant vainqueur de la révolution. Il en eût été de même si le Président avait voulu faire des coups d'État, des coups de pouvoir. Les principaux de tous ces partis, les plus fiers à repousser aujourd'hui le Président, à lui susciter des embûches, des chicanes, à semer ses pas de chausse-tra-

pes et de taquineries, seraient allés l'entourer de leurs
protestations , comme leurs devanciers en faisaient
litière à son oncle. Ils seraient allés, comme disait na-
guère un de nos plus éloquents publicistes, nu-pieds
et la corde au cou lui demander pardon de leurs im-
pertinences démocratiques.

Le Président vient de le rappeler hautement ; il ne
veut pas, et il n'a pas voulu employer ce moyen, peut-
être infaillible en certains moments, de grandir et
d'assurer son pouvoir ; il n'a pas voulu écouter ceux
qui , au nom de la majorité du pays , fatigués des
vicissitudes et des misères, allaient lui offrir de renouveler tout d'un coup le bail de sa puissance aux conditions qu'il lui plairait de fixer, d'élever une digue
durable devant le torrent des révolutions et l'appro-
che des changements qui ruinent la France. Il a mieux
aimé attendre et recevoir du pays, dans la forme plus
légale et plus régulière de la révision de la Constitution, ce qu'il pouvait s'adjuger et prendre lui-même
plus d'une fois sans difficulté sérieuse.

Il ne faut donc pas s'arrêter au mode de révision de
la Constitution par coups d'État.

Ces deux moyens sont écartés, quoique beaucoup
d'hommes prévoyants persistent à penser encore qu'au
dernier moment, la nécessité menaçante et volcanique
des événements forcera l'Assemblée législative à se
déclarer Assemblée de révision et à procéder, en
vertu de la loi suprême du salut public. Mais enfin,
laissons cette éventualité de côté ; si elle se réalise,

c'est que la souveraine providence de la politique le commandera irrésistiblement.

Admettons que la procédure de la révision constitutionnelle se fasse selon les formes sacramentelles qui sont inscrites dans cette loi ; voici une difficulté qui semble insoluble avec la composition actuelle, une barrière infranchissable pour les réviseurs. La Constitution, nous l'avons déjà dit, veut, dans son article 111, que la résolution définitive ne soit adoptée qu'après trois délibérations prises aux trois quarts des suffrages exprimés sur un nombre de votants de cinq cents au moins. Or ce chiffre de trois quarts, de 376, suffrages favorables, sur cinq cents votants, semble aujourd'hui tout simplement impossible à obtenir en faveur de la révision dans l'Assemblée actuelle morcelée par les partis, et où plusieurs fractions s'allieront probablement pour l'empêcher, en formant au besoin une majorité circonstancielle d'opposition et de négation.

Des esprits influents et graves ont pensé à faire décider par cette Assemblée elle-même, au moyen d'une simple égratignure à une partie peu essentielle de la Constitution, que le chiffre de la moitié des votants serait substitué à celui des trois quarts, évidemment fixé ainsi pour rendre la révision plus que difficile, à peu près impossible. Mais on ne s'est pas aperçu que c'était entrer là dans un cercle vicieux ; car si les fractions coalisées de l'opposition dans l'Assemblée repoussent la révision sous l'influence d'un intérêt commun, quoique différent dans son origine, il sera égalementment impossible de faire voter par cette Assemblée un changement dans le chiffre de la majorité nécessaire pour la décider. Autant vaudrait dire qu'on déterminera les trois quarts à voter, malgré leur répugnance, la révision elle-même de la Constitution ; car voter le changement du chiffre, c'est voter la révision. Puis à violer la Constitution dans son texte par un vote si chétif, autant vaudrait-il, dit-on avec franchise, la violer hautement et pleinement en faisant faire la révision tout entière par cette Assemblée, ce qui, nous le répétons, pourrait bien, au dire de plusieurs, finir par avoir lieu quand on se trouvera en face et au bord de l'abîme de 1852.

Mais alors, va-t-on dire, comment sortir de cette impasse? Comment parvenir à la révision si l'Assemblée actuelle en refuse les moyens au pays ?

Il y a trop de vague et de lourde incertitude sur l'avenir politique pour répondre catégoriquement à cette question. Les esprits les plus clairvoyants et les plus exercés seraient en peine d'improviser cette réponse.

Seulement nous devons dire que le moyen unique de trancher le nœud gordien de cette menaçante situation, se trouve dans l'intervention énergique et franche, dans la parole haute et ferme des conseils départementaux. Qu'ils parlent au nom de la nation, du peuple, des départements qu'ils représentent, dont ils sont la tête, le cœur et la bouche, aussitôt, nous en sommes certain, les obstacles s'écrouleront, et l'Assemblée, quel que soit le mauvais vouloir de quelques-unes de ses fractions, cédera à la voix souveraine de la France; car refuser, ce serait peut-être décréter la guerre civile.

Les conseils territoriaux, les conseils généraux surtout ont une magnifique, grandiose et salutaire mission à accomplir cette année. C'est par eux, par leur paroles, c'est par leurs vœux puissants que les résistances seront vaincues. Le devoir est saint, le but est sacré; ils ne feront pas défaut à cette noble cause du succès de laquelle dépend le salut de tous. Qu'ils parlent; le fond est l'important, le principe est tout. La forme viendra ensuite, peu importe laquelle, si le vœu national la sanctionne.

————

CHAPITRE X.

Forme de la révision dans les constitutions précédentes. — Fin de la Constitution.

La révision pacifique de la Constitution, sans secousse, sans lutte sanglante, sans révolution, serait le plus beau titre de gloire dont pourrait s'enorgueillir notre époque, dont l'assemblée qui l'accomplirait pourrait le plus se glorifier. Ces mots de révision pacifique, de changement paisible de la Constitution d'un pays, semblent en effet un néologisme politique. Ils n'ont de précédent qu'en Angleterre, qui, un jour, fatiguée de la république abâtardie de Cromwell, se remit pacifiquement entre les mains de la monarchie pour ne plus s'en séparer, quant au principe, tout en la modifiant dans la pratique, puis dans la transition qui se fit en France pour passer du consulat à l'empire. La forme changeait, mais le chef du pouvoir restait. Sauf cette exception unique et qui semble établir un parallélisme historique avec la situation présente, jamais nous n'avons révisé en France nos Constitutions qu'à coups de fusil et de révolutions, depuis celle de 1791, qui, incomplète et vicieuse, n'était évidemment qu'une halte sur la route révolutionnaire, jusqu'à celle de 1848.

La Constitution de 1793, dont on n'a jamais connu que le nom, et que la Convention renferma aussitôt comme l'arche sainte pour lui substituer le gouvernement révolutionnaire et le régime de la terreur, tomba avec cet horrible système au 9 thermidor; elle sombra dans le sang de Robespierre.

La Constitution directoriale de l'an III, inaugurée au bruit du canon du 13 vendémiaire, tiré contre les ennemis du gouvernement républicain, tomba le 18 brumaire.

La Constitution consulaire du 22 frimaire an VIII s'éteignit dans l'empire, inauguré le 2 décembre 1804.

La Constitution impériale du 18 mai 1804 (28 floréal an XII) s'abîma dans les désastres de l'invasion.

La Charte royale de 1814 disparut un instant devant le rétablissement de l'empire au 20 mars 1815, laissant la place à l'Acte additionnel, que la seconde invasion et le retour de la dynastie de Bourbon effacèrent pour toujours.

Cette Charte de 1814 tombe elle-même en 1830, au bruit d'une révolution qui semblait faite pour la conserver et la défendre. La Charte de 1830, décalque amoindri et un peu plus démocratisé de cette Constitution, est inaugurée sur les barricades, et périt elle aussi dans les barricades de 1848.

Cependant, par l'effet de cette confiance que les législateurs ont toujours dans la durée de leur œuvre, tout en la modifiant, ou peut être grâce à leur modification, quelques-unes de ces constitutions antérieures, les plus démocratiques surtout, avaient également prévu le cas de révision légale et régulière. Notez bien, en passant, que les Constitutions démocratiques sont celles qui ont duré le moins longtemps.

Voici ce que nous trouvons en parcourant ce grand cimetière des Constitutions, dans l'histoire de nos soixante dernières années.

Celle de 1791, qui avait tout prévu, hors la catastrophe fatale qui devait emporter sa clef de voûte, la monarchie, contient les dispositions suivantes sur la révision :

Art. 1er. — L'Assemblée nationale constituante déclare que la nation a le droit imprescriptible de changer sa Constitution ; et néanmoins, considérant qu'il est plus conforme à l'intérêt national d'user seulement, par les moyens pris dans la Constitution elle-même, du droit d'en réformer les articles dont l'expérience aurait fait sentir les inconvénients, décrète qu'il y sera procédé par une Assemblée de révision, en la forme suivante.

2. — Lorsque trois législatures consécutives auront émis un vœu uniforme pour le changement de quelque

article constitutionnel, il y aura lieu à la révision demandée.

3. — La prochaine législature et la suivante ne pourront proposer la réforme d'aucun article constitutionnel.

4. — Des trois législatures qui pourront par la suite proposer quelques changements, les deux premières ne s'occuperont de cet objet que dans les deux derniers mois de leur dernière session ; et la troisième, à la fin de sa première session annuelle ou au commencement de la seconde. Leurs délibérations sur cette matière seront soumises aux mêmes formes que les actes législatifs, mais les décrets par lesquels elles auront émis leur vœu ne seront pas sujets à la sanction du roi.

5. — La quatrième législature, augmentée de deux cent quarante-neuf membres, élus en chaque département par doublement du nombre ordinaire qu'il fournit pour sa population, formera l'Assemblée de révision. Ces deux cent quarante-neuf membres seront élus après que la nomination des représentants au corps législatif aura été terminée, et il en sera fait un procès-verbal séparé. L'Assemblée de révision ne sera composée que d'une seule chambre.

6. — Les membres de la troisième législature qui auront demandé le changement, ne pourront être élus à l'Assemblée de révision.

7. — Les membres de l'Assemblée de révision, après avoir prononcé tous ensemble le serment de *vivre libre ou mourir*, prêteront individuellement celui de *se*

borner à statuer sur les objets qui leur auront été soumis par le vœu uniforme des trois législatures précédentes, de maintenir au surplus, de tout leur pouvoir, la Constitution du royaume, décrétée par l'Assemblée nationale constituante, aux années 1789, 1790 et 1792, et d'être en tout fidèles à la nation, à la loi et au roi.

8. — L'Assemblée de révision sera tenue de s'occuper, ensuite et sans délai, des objets qui auront été soumis à son examen ; aussitôt que son travail sera terminé, les deux cent quarante-neuf membres nommés en augmentation se retireront, sans pouvoir prendre part, en aucun cas, aux actes législatifs. — Les colonies et possessions françaises dans l'Asie, l'Afrique et l'Amérique, quoiqu'elles fassent partie de l'empire français, ne sont pas comprises dans la présente Constitution. Chacun des pouvoirs institués par la Constitution n'a le droit de la changer dans son ensemble ni dans ses parties, sauf les réformes qui pourront y être faites par la voie de la révision, conformément au titre VII ci-dessus.

L'Assemblée constituante en remet le dépôt à la fidélité du corps législatif, du roi et des juges, à la vigilance des pères de famille, aux épouses et aux mères, à l'affection des jeunes citoyens, au courage de tous les Français.

Les décrets rendus par l'Assemblée nationale constituante qui ne sont pas compris dans l'acte de Constitution, seront exécutés comme lois ; et les lois antérieures auxquelles elle n'a pas dérogé, seront également observées, tant que les uns ou les autres n'auront pas été révoqués ou modifiés par le pouvoir législatif.

L'Assemblée nationale ayant entendu la lecture de l'acte constitutionnel ci-dessus, et après l'avoir approuvé, déclare que la Constitution est terminée et qu'elle ne peut y rien changer. Il sera nommé à l'instant une députation de soixante membres pour offrir, dans le jour, l'acte constitutionnel au roi.

La Constitution de l'an III contient dans son titre XIII les dispositions suivantes sur la révision :

Art. 336. — Si l'expérience faisait sentir les inconvénients de quelques articles de la Constitution, le conseil des Anciens en proposerait la révision.

337. — La proposition du conseil des Anciens est en ce cas soumise à la ratification du conseil des Cinq-Cents.

338. — Lorsque, dans un espace de neuf années, la proposition du conseil des Anciens, ratifiée par le conseil des Cinq-Cents, a été faite à trois époques éloignées l'une de l'autre de trois années au moins, une Assemblée de révision est convoquée.

339. — Cette Assemblée est formée de deux membres par département, tous élus de la même manière que les membres du corps législatif, et réunissant les mêmes conditions que celles exigées pour le conseil des Anciens.

340. — Le conseil des Anciens désigne, pour la réunion de l'Assemblée de révision, un lieu distant de vingt myriamètres au moins de celui où siége le corps égislatif.

341. — L'Assemblée de révision a le droit de changer le lieu de sa résidence en observant la distance prescrite par l'article précédent.

342. — L'Assemblée de révision n'exerce aucune fonction législative ni de gouvernement ; elle se borne à la révision des seuls articles constitutionnels qui lui ont été désignés par le corps législatif.

343. — Tous les articles de la Constitution, sans exception, continuent d'être en vigueur tant que les changements proposés par l'Assemblée de révision n'ont pas été acceptés par le peuple.

344. — Les membres de l'Assemblée de révision délibèrent en commun.

345. — Les citoyens qui sont membres du corps législatif au moment où une Assemblée de révision est convoquée ne peuvent être élus membres de cette Assemblée.

346. — L'Assemblée de révision adresse immédiatement aux assemblées primaires le projet de réforme qu'elle a arrêté. Elle est dissoute dès que ce projet leur a été adressé.

347. — En aucun cas, la durée de l'Assemblée de révision ne peut excéder trois mois.

348. — Les membres de l'Assemblée de révision ne peuvent être recherchés, accusés, ni jugés en aucun temps, pour ce qu'ils ont dit ou écrit pendant l'exercice de leurs fonctions. Pendant la durée de ces fonctions, ils ne peuvent être mis en jugement, si ce n'est par une décision des membres mêmes de l'Assemblée de révision.

349. — L'Assemblée de révision n'assiste à aucune cérémonie publique ; ses membres reçoivent la même indemnité que celle des membres du corps législatif.

350. — L'Assemblée de révision a le droit d'exercer et de faire exercer la police dans la commune où elle réside.

A partir de l'an III, nous ne trouvons plus rien de relatif à la révision dans les sept Constitutions ou projets de Constitution qui se suivent dans notre histoire politique. Ces dispositions prévoyantes concernant la révision disparaissent jusqu'à la Constitution de 1848, qui seule les a renouvelées. C'est un fait heureux, car la faculté de révision pacifique et constitutionnelle, insérée dans le pacte fondamental, c'est le préservatif contre les crises violentes chez un peuple sage, c'est le paratonnerre qui soutire l'électricité politique et prévient la foudre des révolutions.

La nation a été consultée presque dans tous les changements de Constitution ; seulement elle l'a toujours été après la rédaction de ces lois fondamentales, et de telle sorte que l'avis réclamé d'elle n'était autre qu'une acceptation pure et simple. Cette fois on lui demande cet avis avant la révision, c'est-à-dire avant la nouvelle rédaction de la Constitution. Si elle ne le donnait pas explicite, elle aurait plus tard à se reprocher son incurie pour ses intérêts les plus chers.

Nous croyons intéressant de donner à cette occasion le curieux relevé des votes populaires pour l'acceptation des diverses Constitutions ; nous les prenons dans le rapport de Lucien Bonaparte, ministre de l'intérieur sous le premier consulat. « J'ai l'honneur de mettre sous vos yeux, disait-il aux consuls, le tableau général des votes. Leur nombre est de 3,011,007, et celui des non-acceptants de 1,562. Trois Constitutions avaient été précédemment proclamées. Celle de 1791 ne fut point acceptée nominativement. Le nombre de citoyens acceptant celle de 1793 a été de 1,801,918; celui des refusants s'est élevé à 11,610. Les votants pour la Constitution de l'an III furent au nombre de 1,057,390 ; les refusants, de 49,977. Ainsi, le nombre de votants pour la Constitution de l'an VIII excède de 1,210,089 celui des votants pour la Constitution de 1793, et de 1,953,617 celui des votants pour la Constitution de l'an III. »

Quant au rétablissement de la monarchie héréditaire, il fut accepté par la nation avec un empressement universel. Le chiffre total des votants, qui est de 3,524,254, donne 3,052,675 adhésions, dans lesquelles l'armée de terre compte pour 400,000 et l'armée navale pour 50,000. Le parti de la République compta alors deux mille cinq cent soixante-neuf partisans opiniatres sur une masse de trente millions de Français.

Qu'on pense donc bien à ceci, car ce parallélisme historique semble un avertissement de la Providence, la Constitution consulaire de l'an VIII a été la seule qui ait été changée sans tomber dans le sang ou dans une révolution. La Constitution était modifiée;

mais le chef de l'État, le dépositaire du pouvoir exécutif restait : c'était Napoléon.

______

CHAPITRE XI.

De la prorogation des pouvoirs du président. Questions qui s'y rattachent, la légitimité, la fusion, la maison d'Orléans.

Des hommes fort considérables et animés des meilleures intentions pensent que tout en reconnaissant les immenses services que le président Louis-Napoléon a rendus à la cause de l'ordre, les conseils départementaux feront bien de ne pas insister dans l'expression de leur vœu sur la question personnelle, afin d'éviter des discussions irritantes dans leur sein.

Cependant on sait que de leur vote surgira indispensablement la question de la prolongation des pouvoirs du président, car après tout on ne peut isoler aujourd'hui sa cause et sa personne de celle de la nation. On peut lui faire une guerre sourde, le caresser d'une main et le blesser ou le piquer de l'autre ; mais au moment suprême il faudra absolument compter avec lui et avec la masse dont il représente les principes et dont il garantit les intérêts.

Tout le monde reconnaît le danger immense qu'il y a à jouer constitutionnellement tous les quatre ans les destinées de notre France sur un nom à la loterie du scrutin populaire, dans un pays où les idées, la population et les affections politiques sont si variables, et où cependant on a tant besoin de ne pas ébranler et compromettre par une agitation chronique les intérêts agricoles, commerciaux et industriels de tout un peuple. Un pouvoir de quatre ans en France n'est pas un pouvoir. C'est un interrègne, c'est une lice perpétuellement ouverte aux tournois des ambitions et aux luttes des passions ; c'est tout au plus une trève, mais non pas une existence normale.

Mais ici les difficultés se lèvent et grandissent. Les républicains tiennent absolument, invinciblement, à ce que le Président descende du pouvoir en 1852 afin d'essayer de le reprendre eux-mêmes. Les socialistes espèrent trouver dans le moment orageux de cette transition la brèche pour opérer leur invasion dans la société et la détruire, pour y célébrer enfin ce terrible carnaval révolutionnaire annoncé par l'oracle sinistre de M. Proudhon.

Les légitimistes impatients ne veulent pas accorder au prince Louis-Napoléon une heure de plus que celle de minuit du 11 mai 1852, de peur de laisser compromettre par une trop longue possession de pouvoir l'avenir de M. le comte de Chambord. Ils espèrent, eux aussi, faire passer leur principe à travers l'intervalle que laisseraient vacant les deux présidences. Enfin, quelques amis trop ardents de la dernière monarchie imaginent la possibilité d'un retour rationnel de la nation vers la régence à cette époque, ou tout au moins le *mezzo termine* d'une présidence préparatoire décernée à un prince de la famille d'Orléans , par exemple à M. le prince de Joinville, dont le nom est entouré de popularité. Quelques-uns combinent la présidence d'un illustre général avec leurs espérances plus lointaines.

Eh bien, rien de cela n'est possible, n'est praticable, n'est acceptable en ce moment. Trop d'obstacles empêchent ces combinaisons définitives et transitoires; le premier de tous provient de la division des opinions et des partis. C'est la guerre civile inévitable, le chaos affreux, et la France ne veut pas la guerre civile ni de chaos. Nous avons dit ce qu'elle désire à tout prix, même au prix de ses affections et de ses regrets, c'est le calme. Aucun des partis évincés ne laisserait à l'autre la libre jouissance du pouvoir; l'Ouest, le Midi, l'Est, courraient aux armes selon la solution qui serait adoptée et la dynastie qui serait rappelée; et alors sans doute se vérifierait cette parole sinistre prononcée il y a quelques jours : Il y a des fusils dans la Vendée ! Hélas! il y en aurait peut-être ailleurs. Éloignons donc ces éventualités funestes. La présidence de Louis-Napoléon est le terrain sur lequel on se divise le moins, surtout en ne lui donnant pas le caractère définitif et en lui laissant le cachet protecteur d'un provisoire décennal, assez long pour garantir tous les intérêts matériels du pays, pas assez absolu pour soulever radicalement les répugnances et les protestations de tous les espoirs, de tous les souvenirs et de tous les regrets politiques.

Le maintien du prince Louis-Napoléon à la présidence de la République ne compromet au fond les intérêts de grand avenir d'aucun parti. Il n'a pas d'héritiers, il n'a pas de dynastie, il n'aspire pas à un mariage, qu'il ne pourrait faire d'ailleurs que dans les grandes régions royales, auxquelles seulement son nom et son ascendance princière lui commandent de prétendre, et qui ne peuvent lui donner aujourd'hui une princesse pour en faire une présidente de la République française. Ce n'est donc que d'un pouvoir tout au plus viager qu'il s'agit pour lui. Si les partis monarchiques comprennent bien leurs intérêts, au lieu de le lui disputer, ils le lui offriront ou ils s'y résigneront ; c'est la disposition de leurs chefs les plus habiles.

D'ailleurs, si nous considérons la conduite politique du président, il nous sera facile de reconnaître qu'il est personnellement digne de cette faveur nationale. Le pays sera au plus sage, disait dernièrement M. Thiers. Le Président n'a-t-il pas été réellement le plus sage au milieu des violences politiques qui ont éclaté depuis qu'il est au pouvoir et surtout depuis qu'on espère l'en faire descendre? Dans les luttes de prérogative qui ont attristé ces dernières phases parlementaires, n'a-t-il pas été le plus modéré, le plus conciliant?

Sa politique n'a-t-elle pas été sans cesse une politique de conservation et d'ordre? Ne s'est-il pas toujours inspiré des conseils des hommes les plus considérables de l'opinion modérée, et ces hommes ne manifestent-ils pas pour lui des sympathies aussi vives que profondément raisonnées ?

Les tendances et les dispositions de la plus grande partie des membres modérés de la majorité légitimiste se sont nettement prononcées en faveur du président et de la prolongation de ses pouvoirs présidentiels. Il n'est pas besoin d'être bonapartiste de la veille pour penser ainsi. La position de ces hommes consciencieux est parfaitement définie par cette réponse de l'un d'entre eux à un écrivain légitimiste qui lui avait reproché d'être devenu bonapartiste. « Votre corres- » pondant, disait-il, est bien aise évidemment de faire » entendre par voie d'insinuation, car il n'eût pu le » faire autrement, que je suis ce qu'il lui convient » d'appeler un bonapartiste. Je ne sais ce qu'il entend » par ce mot, à moins qu'il ne désigne ainsi ceux qui » refusent de s'allier à la Montagne dans le but de » renverser M. le Président. C'est peut-être un crime » aux yeux de votre correspondant, si j'en juge par » le fond de sa polémique, de ne pas vouloir être » dupe de ces intrigues. »

Le Président n'a jamais varié dans sa politique d'ordre et de modération, dans cette politique qui applique sans cesse les principes primordiaux de la société, le respect pour la religion, pour la propriété, pour le travail.

Le Président a même souvent donné son concours à certaines mesures politiques, à quelques lois importantes qui n'étaient pas tout-à-fait conformes à ses idées personnelles. Dans un sentiment *d'abnégation* intelligente, il l'a fait pour ne se séparer ni de la majorité, ni surtout de ses chefs, et parce que ceux-ci jugeaient ces lois et ces mesures nécessaires au rétablissement de l'ordre moral et matériel dans le pays.

On dit quelquefois que le Président, fatigué de ces taquineries dont les partis extrêmes, dont quelques fractions de la majorité elle-même lui avaient fait sentir les piqûres, était disposé à pratiquer une politique plus dangereuse et à émigrer vers la gauche. C'était une calomnie. Le bonapartisme rouge n'a jamais été qu'une invention de la malveillance. Les offres n'ont pas manqué sans doute au Président de ce côté, mais il les a dédaignées et repoussées comme un piége ou comme une incitation à un crime social contre la perpétration duquel le préservent sa sagesse personnelle et la mémoire traditionnelle de la politique napoléonienne.

La prolongation des pouvoirs du Président est donc un des principaux articles de la Constitution révisée. Si les partis violents, impatients, agitateurs, rebelles pouvaient, en s'unissant, parvenir à résister aux intentions de la majorité de la France, s'ils entravaient ou empêchaient cette grande mesure de salut public, ils feraient eux-mêmes un coup d'Etat qu'il faudrait briser avec le concours de la nation; elle se lèverait presque tout entière alors contre ces partis.

La majorité de la nation veut en effet la prolongation temporaire des pouvoirs du Président, soit par conviction et attachement calculé au principe libéral représenté par lui dans ce qu'il a d'applicable, soit par raison, soit par dévouement, soit par résignation à ce qui semble irrésistiblement décidé par la providence, soit même sous l'impression du prestige napoléonien et par l'effet de cette répugnance des esprits en France à voir descendre du rang suprême, d'un fauteuil qui est presque un trône, celui qui l'occupe, surtout quand il est prince et neveu d'un empereur ; enfin, et avant tout, par le besoin d'ordre et de repos. Pour se convaincre de l'impérieuse force de cette volonté nationale et pour comprendre que son accomplissement est seul possible, il ne faut que jeter un coup d'œil sur la situation présente, sur la topographie actuelle de la politique.

Il y a aujourd'hui trois courants politiques bien prononcés. L'un, dans les hautes régions de la politique extra-populaire, porte un certain nombre d'esprits vers une nouvelle monarchie constitutionnelle fondée sur la réunion des deux branches de la maison de Bourbon. L'autre courant, creusant avec une effrayante violence le sol populaire, entraîne les classes qui travaillent et qui souffrent et les conduit au socialisme, c'est-à-dire à la plus épouvantable anarchie dont la société puisse être flagellée et où elle périrait peut-être. Le dernier courant, enfin, formé de tous les intérêts respectables, réels et sérieux qui se meuvent dans les masses moyennes, c'est-à-dire dans les entrailles et le cœur du pays, nous porte impérieusement, irrésistiblement vers le maintien du gouvernement de Louis-Napoléon Bonaparte. Ce courant porte le pays à la prolongation des pouvoirs du Président ; il absorbera les deux autres, comme le fleuve le plus fort confond dans ses eaux puissantes tous ses confluents moins considérables, quelque torrentiels qu'ils soient, quelque violents qu'ils paraissent. Le socialisme doit être repoussé et anéanti ; la pensée de la fusion monarchique ne vit que dans le monde de la politique théo-rique et hypothétique de l'avenir.

Cette fusion, il faut le reconnaître, est en ce moment presque impossible en principe et dans sa source. D'ailleurs, pût-elle s'effectuer entre les deux familles, elle resterait encore sans résultat pour le pays. Car les populations ne permettent à personne aujourd'hui de transiger en leur nom, de disposer d'elles-mêmes, de céder ou de vendre leurs convictions et leurs droits. Si la fusion s'accomplissait à Wiesbaden et à Clare-mont, l'union des deux branches, sans éteindre les divisions qui séparent leurs partisans, ne servirait peut-être qu'à en enlever quelques-uns aux deux contractants, et à diminuer le nombre de leurs adhérents, qui verraient dans cet acte un échec à leur principe.

La fusion des deux branches de la maison de Bourbon était un beau rêve ; c'était la réconciliation et la réunion pacifique de deux nobles familles, de deux époques et de deux grands intérêts sociaux qui s'étaient fait la guerre pendant cinquante ans. Elle a eu ses jours d'éclat, son mirage séduisant, sa perspective brillante embellie de chevaleresque et de positif. Le souffle de la réalité a brisé et dissipé cet arc-en-ciel passager de quelques espérances. La fusion aujourd'hui n'est plus une solution.

La troisième restauration de la légitimité, qui, après la révolution de février, un instant n'a été que difficile, est devenue non impossible, car ce mot n'est pas français surtout en ce qui concerne les gouvernements, mais elle est rendue plus difficile encore par les fautes de ses amis, par les dissentiments et les rivalités qui divisent ses propres partisans et qui neutralisent ainsi ses forces ; elle a aussi gâté sa cause et éloigné ses chances par sa coalition ou du moins sa simultanéité d'action avec les jacobins et les socialistes de l'Assemblée; on la craint encore par prévision des tendances et des influences rétrogrades et violentes qui la domineraient, l'entraîneraient et peut-être la perdraient de nouveau.

La légitimité a surtout contre elle les répugnances instinctives des classes moyennes, bien plus encore que celles des hommes politiques qui semblent les représenter plus spécialement. Chose singulière, le tiers-parti et surtout les esprits supérieurs qu'il compte dans ses rangs, accepteraient la légitimité, s'ils arrivaient à être bien mathématiquement convaincus que l'expérience de la République est finie ; ils se disent que ce qu'il faut éviter avant tout, c'est la suppression des libertés constitutionnelles, c'est la dictature du sabre. Or, ils sont certains que la légitimité ne pourrait jamais se rétablir en France qu'en y revenant escortée des institutions constitutionnelles, et forcée de les respecter et de les maintenir. Ils ont raison, sans doute, pour les premiers temps d'une restauration ; mais il faut considérer que les tendances et les instincts des partis sont plus forts que leurs intérêts.

Le pays veut une monarchie qui soit une transaction entre les idées nouvelles et les traditions anciennes, un pont entre le passé et le présent. La légitimité, malgré les bons vouloirs de M. le comte de Chambord et les efforts de quelques-uns des siens, risquerait fort de n'être que le passé.

La monarchie de la maison d'Orléans était certes celle qui convenait le mieux aux idées et aux goûts de la France. Elle a donné à cette France dix-huit années de prospérité, elle avait pour elle l'immense concours et les sympathies de la portion la plus active, la plus honnête, la plus considérable de la nation. La classe moyenne tout entière lui était instinctivement dévouée ; c'était pour elle la révolution consommée ; l'armée en masse lui était attachée, excepté tout au plus quelques rares officiers qui tenaient à la légitimité par leur famille, mais qui renfermaient dans le secret de leur cœur son culte platonique, excepté encore quelques militaires trop ardents ou mécontents qui s'appelaient alors républicains. La bourgeoisie aimait cette monarchie et surtout la noble famille que la révolution de 1830 avait mise à sa tête. Certes la France est pénétrée d'un profond respect pour cette noble famille d'Orléans qu'on n'ose plus calomnier, parce qu'elle a laissé en se retirant trop d'exemples de vertu, de patriotisme, de courage, trop de services et trop de bienfaits publics pour ne pas être toujours présente à sa mémoire reconnaissante et à des regrets sympathiques. Mais les situations politiques sont plus fortes que l'affection, et aujourd'hui une restauration orléaniste est plus que difficile ; dans tous les cas elle est actuellement impossible. Ses membres le savent et le déclarent, c'est aussi le sentiment de tous ceux qui leur ont été attachés.

Oui! le rétablissement de cette monarchie semble impossible pour aujourd'hui. Une tentative faite en ce moment pour la relever pourrait exciter des sympathies; mais elle échouerait certainement; elle serait le signal d'une terrible conflagration intérieure et d'une guerre civile dans laquelle la légitimité et la république combattraient ensemble contre elle. Sans doute s'il s'agissait encore une fois de la renverser comme en février, la bourgeoisie y regarderait plus sérieusement et ne se laisserait pas surprendre par la république; mais de cette réflexion, de ce regret même à une restauration orléaniste il y a loin. Il y a un abîme!

On a parlé dans ces derniers temps d'un projet tendant à nommer le prince de Joinville président de la République. On a attribué au prince lui-même l'intention de se présenter comme candidat.

Nous savons d'une source certaine et incontestable, et nous pouvons déclarer positivement que le prince de Joinville, ni aucun membre de la famille d'Orléans n'a l'intention d'une candidature semblable, et n'accepterait la présidence de la République, quand même elle lui serait déférée par le suffrage universel. Tout ce qui se dit de contraire à cette déclaration est tout à fait inexact.

Laissons donc ces projets de restauration orléaniste.

D'ailleurs Louis-Philippe et les princes de sa famille ne feraient rien pour la préparer, la hâter ou la faire décider. Comme l'a dit ce roi dans sa sagesse : La famille d'Orléans obéit toujours au vœu de la France, mais ne le devance jamais. Aussi les orléanistes sérieux, modérés, amis avant tout de l'ordre, des idées progressives et du bonheur de leur pays se rallient-ils actuellement au gouvernement de Louis-Napoléon, et s'accordent à considérer la prolongation de ses pouvoirs, de quelque manière qu'elle se fasse, comme une nécessité providentielle.

Il ne reste de possible que la prolongation décennale de la présidence de Louis-Napoléon, sous ce titre ou sous un autre, avec une forme d'élection ou une autre, peu importe; car ce n'est pas le titre ni la forme qui fait ici la force, c'est l'homme, sa position et son nom.

On se perd en commentaires sur le chiffre de voix déterminé par la Constitution sur les deux millions de votes. Ce sont des discussions oiseuses.

Il ne s'agit pas de donner aux pouvoirs du président une extension plus grande, une largeur, une ampleur qui le rapprochent de la monarchie : non, le président ne le désire pas lui-même ; comme il l'a dit à Lyon, il est prêt à l'abnégation ou à la persévérance; il ne réclame pas plus de pouvoir qu'il n'en a, mais le pays veut que la Constitution lui en rende l'exercice plus facile et surtout plus profitable au bon gouvernement du pays; le Président désire retremper ces pouvoirs dans son acclamation souveraine, peut-être dans un vote demandé au suffrage universel, non restreint par la loi actuelle, mais large, profond et allant chercher la volonté populaire jusque dans les entrailles de la France.

Sous ce rapport, les intentions du Président se trouvent en parfaite harmonie avec les vœux du pays,

de cette masse immense qui forme les couches intermédiaires de la nation, là où se trouvent toutes ses
forces, toute sa vitalité, toutes ses richesses. C'est
dans ces régions moyennes qui sont la vraie France
que roule dans toute son énergie calme, mais irrésis-
tible, le courant qui nous entraîne tous vers la prolongation des pouvoirs du Président. Vouloir combattre ce
fleuve, vouloir le refouler, ce serait une entreprise
vaine. Elle serait fatale si elle pouvait réussir ; car ou
il entraînerait plus loin qu'il ne convient ceux qui lui
résisteraient inconsidérément , ou bien il laisserait
la place déblayée et libre au socialisme triomphant ;
alors le dernier mot de la société serait dit, alors la
société serait perdue. C'est un dilemme qui ne laisse
pas de réponse.

<hr>

CHAPITRE XII.

Résumé des questions.

Récapitulons les observations essentielles exposées
dans cette note, et concrétons les questions vitales
qu'elle traite.

Il est évident pour tous que la France , même en
consentant à rester encore dans l'état de politique provisoire où elle est depuis 1848, désire qu'il soit au
moins rendu moins radicalement mauvais, moins
dommageable pour ses intérêts ; il est évident aussi
qu'elle réclame par le même motif une révision et
une large modification de la Constitution.

Pour obtenir cette révision, il ne faut pas compter entièrement sur l'Assemblée législative. Les partis, fractionnés quand il s'agit du but définitif, semblent y avoir pris, momentanément au moins, un terrain commun de résistance sur la question présidentielle. Si on laisse l'Assemblée à elle-même, si on compte même sur toute la majorité pour décréter la révision, on court le risque d'être trompé. Les coalitions hostiles pourront empêcher ce vote de révision. Les partis hostiles au gouvernement actuel s'accommodent trop bien d'un régime qui annule toutes les forces politiques du pays, pour concourir à le changer. Il faut pour décider l'Assemblée l'initiative de tous les conseils départementaux; il faut, dans une autre forme, un aussi grand vote que celui du 10 décembre pour vaincre la résistance qui se réfugiera dans le parlement.

La révision sera ainsi pacifiquement obtenue, pacifiquement faite; c'est la seule que nous devions désirer pour éviter les secousses et les malheurs de la guerre civile, peut-être d'une révolution.

Cette révision doit être faite dans l'ensemble, et non dans quelques articles de la Constitution; elle doit toucher à tout ce qui est défectueux, nuisible, dangereux dans ses dispositions, et elles sont nombreuses, nous en avons indiqué plusieurs, nous ne les avons pas examinées toutes. La question de l'instabilité de la présidence est une des plus graves, c'est celle sur laquelle se portent peut-être le plus vivement l'attention et la volonté de la France, habituée, avec raison, à personnifier dans le symbole d'un homme et d'un nom la question constitutionnelle et gouvernementale.

L'opinion générale, l'opinion réelle de la majorité du pays vrai, veut le maintien du Président dans ce pouvoir dont il s'est servi avec sagesse dans l'intérêt du rétablissement de l'ordre. Ce pays vrai, et non le pays factice des partis violents et absolus, croit qu'en ce moment rien n'est possible hormis la présidence du prince Louis-Napoléon Bonaparte, et il réclame avec instance la prolongation de cette présidence au moins pour dix ans, afin de se remettre des secousses et des émotions de ces derniers temps, et pour pouvoir préparer avec maturité et dans le calme son avenir définitif, si toutefois, à notre époque, le définitif peut être réalisé dans le gouvernement des nations.

Il est hors de doute que les conseils généraux surtout, les conseils d'arrondissement et les conseils municipaux ont le droit de demander la révision de la Constitution ; bien plus, c'est un devoir pour eux. Représentants de la France, organes sincères et immédiats des départements qui sont la véritable France, ils ne peuvent rester impassibles devant cette question capitale. Les conseils généraux doivent surtout exprimer leur avis dans leur session actuelle : c'est une nécessité absolue ; la temporisation est impossible ; dans leur session prochaine *il serait trop tard.*

Nous sommes convaincu qu'ils le feront, car ils ne voudront pas laisser la France livrée à toutes les conséquences des vices de la Constitution, et aux complications, aux crises, aux catastrophes qu'ils feraient naître inévitablement ; ils ne voudront pas surtout que tous les quatre ans deux élections générales faites dans l'espace de six semaines pour renouveler les deux pouvoirs, l'Assemblée nationale et le président, viennent jeter la perturbation sur toute la surface de la France; ils ne voudront pas que, par une étrange prévision de la Constitution, qui aurait dû au contraire veiller à ce que le gouvernement ne restât jamais vacant, le Président cesse ses fonctions le jour même de l'élection, et qu'un interrègne légal, dirigé par l'autorité plutôt nominale que réelle du vice-président, laisse tout en suspens, peut-être en désordre; ils ne voudront pas enfin que si, par un de ces événements qu'il faut toujours prévoir, surtout dans notre France si variable à l'endroit de la popularité, et en présence de la compétition ardente des partis, le président, ne réunissant pas les deux millions de voix exigées pour son élection, n'était pas nommé directement par la nation électorale, une assemblée mourante, parodiant cette maxime légale : le mort saisit le vif, nommât elle-même un président qui, par une étrange anomalie, devrait vivre après qu'elle aurait cessé d'exister. Les conseils départementaux voudront sauver la France en la délivrant de ces complications qui, avec toutes les imperfections de la Constitution, semblent avoir été préparées à plaisir pour rendre de plus en plus impossible la république si mal organisée en 1848.

Telles sont les questions principales qui leur sont soumises ; qu'ils prononcent.

CHAPITRE XIII.

De la forme du vœu à émettre par les conseils départementaux.

Nous n'avons plus que quelques mots à dire sur la forme du vœu à émettre pour demander la révision de la Constitution.

Des conseils d'arrondissement ont donné à ce vœu un remarquable développement. Celui de Vassy entre autres en a exposé les motifs dans la résolution suivante:

« Le conseil, considérant qu'il importe de donner au pays les institutions que ses besoins réclament ;

» Considérant que la propriété est de plus en plus délaissée ;

» Que le commerce et l'industrie marchent à leur ruine ;

» Qu'ils ne se relèveront du coup funeste que leur a porté la révolution de février, qu'autant que la Constitution leur créera un avenir assuré et fera renaître la confiance ;

» Considérant que la durée fixée au pouvoir exécutif est beaucoup trop restreinte ;

» Que la réélection prochaine d'un président jette dès à présent l'alarme dans les esprits ;

». Que soumettre ainsi le pouvoir exécutif à des réélections fréquentes, c'est agiter le pays et l'exposer à des révolutions nouvelles qui l'entraîneraient infailliblement à sa ruine ;

» Qu'il importe au salut de la France de faire cesser au plus tôt cet état de chose, qu'exploitent chaque jour avec ardeur les passions anarchistes ;

» Le conseil, après en avoir l'assurance, délibère et, à l'unanimité,

» *Appelle de ses vœux la révision de la Constitution.* »

Nous croyons que les conseils généraux peuvent être plus concis, et que les considérants qui peuvent trouver place dans la discussion seraient inutiles dans l'expression du vœu. Une forme énergique, nette et brève convient surtout dans ce vote, qui a quelque chose de la voix impérative de la nation.

Avant la prorogation de l'Assemblée, des représentants de la majorité, en assez grand nombre, se sont concertés sur la proposition qui allait être soumise aux conseils généraux relativement à la révision. Ils sont généralement convenus que la formule la plus simple, la plus claire était la meilleure, et ils ont paru s'être mis généralement d'accord sur les termes d'une rédaction par laquelle le conseil émettrait le vœu que la Constitution fût révisée dans le délai le plus rapproché.

Cette rédaction nous semble en effet la meilleure. Nous engageons donc les conseils généraux et tous les conseils locaux à l'adopter, et à la faire tonner et retentir comme un cri de salut d'un bout de la France à l'autre, du Nord au Midi, de l'Occident à l'Orient, des Alpes à l'Océan et des rives du Rhin jusqu'aux Pyrénées. La France sera sauvée le lendemain du jour où tous ses mandataires, tous ses élus, tous ses conseillers auront prononcé bien haut cette formule sacramentelle :

« Le conseil émet le vœu que la Constitution soit révisée le plus tôt possible. »

IMPRIMERIE CENTRALE DE NAPOLÉON CHAIX ET Cⁱᵉ, RUE BERGÈRE, 20.

TABLE DES CHAPITRES.